ELOGIOS PARA *JAMAIS LIDERE SOZINHO*

"O mundo dinâmico de hoje exige uma riqueza de percepções que é melhor obtida por meio de equipes... *Jamais lidere sozinho* revela as práticas para um desempenho revolucionário de qualquer equipe contemporânea."

— Bejul Somaia, parceiro global, Lightspeed

"O foco contínuo de Ferrazzi em processos de equipe de simples execução permitirá que as organizações, de fato, prosperem!"

— Paul Bay, CEO, Ingram Micro

"Os conceitos e as ferramentas práticas de *Jamais lidere sozinho* são componentes essenciais para vencer no mercado atual e criar resultados de mudança radical."

— Deepa Soni, CIO e COO, Hartford Financial Services Group

"Uma nova perspectiva sobre como o envolvimento colaborativo e a solução de problemas podem acelerar radicalmente o desempenho da equipe."

— Rick McConnell, CEO, Dynatrace

"Esses insights são inestimáveis para todos os líderes que se esforçam para estar na vanguarda."

— Bob Carrigan, CEO, Audible

"*Jamais lidere sozinho* define o padrão para ser um player de alto desempenho e relevância em uma equipe de elite."

— Ana White, CPO, Lumen Technologies

"Uma leitura obrigatória para qualquer pessoa que queira elevar seus relacionamentos profissionais e pessoais por meio de uma melhor colaboração e de um trabalho em equipe mais consistente."

— Jamie Iannone, CEO, eBay

"Um guia indispensável para todos os membros de uma equipe."

— Bob Toohey, EVP e CHRO, Allstate

"O livro de Ferrazzi incorpora muito do que valorizamos na Mastercard — a capacidade de crescer juntos, colaborar e trazer perspectivas diversas para desbloquear a inovação."

— *Michael Fraccaro, CPO, Mastercard*

"Ferrazzi faz um trabalho magistral ao fornecer às equipes um manual para colaborar efetivamente, criar confiança e promover a inclusão para alcançar resultados extraordinários."

— *Colin Walsh, CEO e cofundador, Varo Money*

"'Teamship' será a nova terminologia e prática que levará as empresas ao próximo nível."

— *Scott Salmirs, CEO, ABM Industries*

"Ferrazzi captura de forma brilhante a essência da colaboração moderna e altamente responsável."

— *Sean Behr, CEO, Fountain*

"O mundo precisa de um roteiro prático (não teórico) sobre como formar equipes extraordinárias. Este livro é exatamente isso."

— *Ed McLaughlin, presidente e CTO, Mastercard*

"Ferrazzi tem um dom especial de reunir pessoas para ter conversas profundamente significativas... Ele traz essa perspectiva para o conceito de equipe."

— *Lucien Alziari, EVP e CHRO, Prudential Financial*

"Esses princípios são desafiadores, incisivos e fundamentais para acelerar equipes intensamente conectadas que produzem resultados de alto desempenho."

— *Shane Grant, CEO adjunto, Danone*

"Ferrazzi oferece uma nova visão sobre equipes que é realmente necessária. Espero que ele seja amplamente lido."

— *Bracken Darrell, CEO, VF Corporation*

JAMAIS LIDERE SOZINHO

Outras obras de Keith Ferrazzi

Jamais coma sozinho

Quem te dá cobertura

Liderando sem autoridade

Competir no novo nundo do trabalho

JAMAIS LIDERE SOZINHO

10 AÇÕES TRANSFORMADORAS PARA LIDERANÇA EM EQUIPE

KEITH FERRAZZI

COM PAUL HILL

ALTA BOOKS
GRUPO EDITORIAL
Rio de Janeiro, 2025

Jamais Lidere Sozinho

ISBN: 978-85-508-2682-0.

Alta Books é uma Editora do Grupo Editorial Alta Books.

Translated from original Never Lead Alone. Copyright © 2024 by Keith Ferrazzi. ISBN 9780063412576. Published by arrangement with Harper Business, an imprint of HarperCollins Publishers.. Brazilian Portuguese language edition published by Alta Books, Copyright © 2025 by STARLIN ALTA EDITORA E CONSULTORIA LTDA.

Impresso no Brasil – 1ª Edição, 2025 – Edição revisada conforme o Acordo Ortográfico da Língua Portuguesa de 2009.

Dados Internacionais de Catalogação na Publicação (CIP)
(BENITEZ Catalogação Ass. Editorial, MS, Brasil)

F369j
1.ed. Ferrazzi, Keith
Jamais lidere sozinho : 10 ações transformadoras para liderança em equipe / Keith Ferrazzi ; tradução João Costa. - 1.ed. - Rio de Janeiro : Alta Books, 2025.
224 p.; 16 x 23 cm.

Título original: Never lead alone.
ISBN 978-85-508-2682-0

1. Desenvolvimento organizacional. 2. Equipes de trabalho. 3. Liderança (Administração). 4. Performance. 5. Planejamento estratégico (Organizações). I. Costa, João. II. Título.

04-2025/181 CDD 658.1

Índice para catálogo sistemático:
1. Ciências : Filosofia : Otimismo : Aspectos sociais 300

Aline Graziele Benitez - Bibliotecária - CRB-1/3129

Produção Editorial: Grupo Editorial Alta Books
Diretor Editorial: Anderson Vieira
Vendas Governamentais: Cristiane Mutüs
Produtora Editorial: Viviane Corrêa

Tradução: João Costa
Copidesque: Ederli Fortunato
Revisão: Karina Pedron
Diagramação: Aurélio Corrêa

ALTA BOOKS
GRUPO EDITORIAL

Rua Viúva Cláudio, 291 – Bairro Industrial do Jacaré
CEP: 20.970-031 – Rio de Janeiro (RJ)
Tels.: (21) 3278-8069 / 3278-8419
www.altabooks.com.br – altabooks@altabooks.com.br
Ouvidoria: ouvidoria@altabooks.com.br

Editora **afiliada à:**

ASSOCIADO

Este livro é dedicado a Kale,
meu parceiro definitivo de coelevação.

SUMÁRIO

CAPÍTULO 1

DECIFRANDO O CÓDIGO DO TEAMSHIP

TEAMSHIP:

A vantagem competitiva máxima impulsionada por:

(A) transformação de hierarquias tradicionais para colaboradores que lideram equipes e elevam uns aos outros para alcançar um desempenho de classe mundial; e

(B) transformação de hábitos de trabalho padrão para práticas, processos e ferramentas de colaboração inclusivos do século XXI para obter inovações mais ousadas e tomadas de decisão mais rápidas.

Quando escrevi meu primeiro livro, *Jamais coma sozinho*, com Tahl Raz, não imaginei o quanto ele mudaria a trajetória de como as pessoas pensavam sobre relacionamentos e networking, de algo transacional para um investimento autêntico em um vínculo verdadeiro que começa com generosidade: esforçar-se genuinamente para servir aos outros. A lição mais significativa foi que, independentemente do que você queira de sua vida, da missão que deseja alcançar, da prosperidade que espera para si mesmo, para sua família, para sua comunidade, para sua causa, existem várias pessoas essenciais para colocar um foguete de propulsão em todos os sonhos que você já teve. Essas portas são abertas com generosidade e autenticidade para que esses relacionamentos floresçam. É algo tão simples, tão poderoso, uma maneira tão alegre de viver — e foi sobre isso que construí meu sucesso e minha trajetória. Mas nunca vi o networking como o propósito de minha vida. Durante anos, e apesar de seu sucesso, quase dei as costas para *Jamais coma sozinho*. Pessoas de todo o mundo me procuraram dizendo que o livro mudou suas vidas. Eu me senti abençoado, mas não internalizei isso porque estava buscando algo muito diferente: um propósito que sinto desde que era um garoto pobre que cresceu em Latrobe, no estado da Pensilvânia, vendo meu pai, um siderúrgico desempregado, aceitar qualquer trabalho para conseguir algum dinheiro — cavando valas — e minha mãe de joelhos esfregando o chão por alguns poucos dólares por dia. Você pode ver esse propósito em todos os meus livros e desde a minha infância — o desejo de descobrir como ajudar as pessoas por meio da transformação dos negócios, de descobrir como melhorar as organizações, para pessoas como meu pai e famílias como a nossa que sofreram, mas também para a elevação das comunidades. Transformar equipes para transformar o mundo. Quero decifrar o código — sou um engenheiro comportamental focado em práticas de alto retorno. É disso que se trata o livro *Jamais lidere sozinho*. O mundo precisa de um roteiro prático (não teórico) sobre como formar equipes extraordinárias. O que significa ser um colaborador extraordinário e quais práticas todos nós podemos integrar em nosso trabalho e treinar os outros ao nosso redor. Este livro, o trabalho de minha vida, é esse roteiro baseado em práticas. Todos nós podemos realizar coisas desproporcionalmente extraordinárias com uma equipe forte, formada por pessoas comprometidas ao nosso redor — e o aprendizado sobre isso começou lá em casa, em Latrobe. E a ironia de ter desviado minha atenção de ser o "cara do networking"? Vinte anos após a publicação do livro *Jamais coma sozinho*, aprecio e aceito uma linha de base em todas as minhas pesquisas e textos: que o trabalho hoje acontece de forma fluida em equipes conectadas por meio do networking, e a produtividade das equipes é impulsionada por relacionamentos projetados com propósito.

VOLTANDO ÀS ORIGENS

Meu pai era um operário siderúrgico desempregado, cuja família emigrou da Itália em busca de prosperidade e acabou sendo vítima do colapso da indústria siderúrgica que atingiu Pittsburgh, Pensilvânia, e todo o Cinturão da Ferrugem na década de 1970. Quando eu era criança, ouvia meu pai chegar em casa e se lamentar durante o jantar sobre as práticas que estavam ocorrendo em seu local de trabalho. Seu gerente literalmente lhe dizia para ir mais devagar, porque ele estava deixando o chefe malvisto, pois estava trabalhando mais do que seus colegas e atrapalhando o ritmo de trabalho medido por peça. Se você olhar para as manchetes dos jornais nos anos 1970, verá histórias sobre "importações estrangeiras baratas oriundas do Japão", de modo que a acusação era: a mão de obra japonesa estava inundando o mercado americano, permitindo uma concorrência inadequada. Mas, na verdade, algo mais estava acontecendo.

A Gestão da Qualidade Total (Total Quality Management — TQM) foi criada por acadêmicos nos Estados Unidos para esperar mais das equipes de linha de frente; homens como meu pai trabalharam para obter resultados espantosos, como zero defeitos, por meio de equipes capacitadas. Mas essa nova maneira de trabalhar foi ignorada pela arrogante indústria siderúrgica, apesar de ter sido adotada nas fábricas japonesas para fornecer produtos mais baratos e de melhor qualidade. Eu estudaria esse assunto na faculdade, e ele se tornaria mais um fio condutor da minha crença de que equipes transformadoras realmente podem transformar organizações. Mas, na minha infância, eu estava sentado ouvindo meu pai lamentar tudo o que estávamos sofrendo. Ele agora estava desempregado, lutando para sobreviver, aceitando qualquer trabalho possível. Minha mãe teve que arrumar um emprego como faxineira, o que ela detestava. Porém, o mais importante foi que, aos 10 anos de idade, eu me comprometi com meu pai que, um dia, eu cresceria (agora você vai rir) para ser governador da Pensilvânia e, depois, presidente dos EUA, e eu consertaria a manufatura americana. O que eu sabia? Todos que conhecíamos eram parte de famílias da classe operária. Eu simplesmente me esforcei ao máximo para estar em posição de mudar a situação econômica de famílias como a nossa.

Se você já leu o livro *Jamais coma sozinho,* sabe que acabei indo para Yale com a ajuda de vários beneficiadores incríveis. Não há nepotismo quando se cresce em uma família em que ninguém foi para a faculdade — a menos que você "crie seu próprio nepotismo" por meio da rede de apoio que você mesmo constrói. É o mesmo princípio que eu ensinaria anos mais tarde no livro *Liderando sem autoridade*: como líderes que trabalham fora da autoridade que podem possuir conforme o organograma são capazes de realizar coisas extraordinárias trabalhando em divisões. Mas em Yale, eu me candidatei a um cargo político, para o conselho municipal de New Haven, Connecticut. A história ganhou cobertura no *New York Times,* e pessoas ricas da Pensilvânia começaram a me ligar para dizer: "Volte quando terminar em Yale. Queremos que você se candidate". E foi o que fiz. Quando saí de Yale, fiz duas coisas. Embora o trabalho premiado dos anos 1980 fosse em Wall Street, fui o único graduado em Yale a trabalhar na área de manufatura como líder em Gestão da Qualidade Total para uma empresa química vendida para a General Motors. Também encontrei um distrito congressional que achei que poderia vencer.

Mas aconteceu uma coisa que me deixou em maus lençóis. Eu me apaixonei por um irmão de fraternidade. Aposto que você não esperava por isso, nem eu, um cristão da Pensilvânia. E esse foi o fim de minhas aspirações políticas. Naquela época, até Liberace era heterossexual. Eu brinco, mas na época foi uma reconciliação existencial excruciante. Não havia literalmente nenhum modelo a ser seguido, e eu não tinha coragem de ser o primeiro.

Mas enxerguei um ponto de inflexão.

Eu já estava fazendo um trabalho impactante no chão de fábrica. Eu poderia dobrar a aposta e materializar minha missão de salvar o setor de manufatura americana de outra forma. Talvez eu pudesse fazer isso por meio da própria corporação americana, trabalhando nos negócios? E talvez eu pudesse ser autêntico comigo mesmo fora do olhar público da política. Então, fui para a Harvard Business School. E quem financiou meu curso? Meus mentores e beneficiadores que estavam preparados para investir em minha eleição para o Congresso. As pessoas a quem você serve com vigor como um ser humano autêntico estarão ao seu lado quando você as convidar para cocriações novas e em evolução. Você verá essa pedra fundamental dos relacionamentos ao longo deste livro e de sua vida.

VIVENCIANDO EQUIPES NA DELOITTE E NA STARWOOD

Depois de sair de Harvard, entrei para a Deloitte, onde me tornei a pessoa mais jovem a ser eleita sócia e CMO (Chief Marketing Officer) global na velocidade da luz, razão pela qual me convidaram para escrever *Jamais coma sozinho*, uma história sobre como acelerar radicalmente o sucesso por meio de um melhor gerenciamento de relacionamentos. Iniciei a pesquisa da Deloitte para desenvolver novas metodologias de transformação do trabalho, além da TQM, adotando mentores como Michael Hammer para criar nossa prática de reengenharia e gerenciamento de mudanças, o que me ajudou a refinar meu gosto por decifrar o código das formas de trabalho. Também me juntei a um grupo de executivos em Chicago para fundar a Lincoln Foundation for Business Excellence e criar um prêmio para reconhecer e orientar as organizações na adoção de novas formas eficazes de trabalho. Por fim, empolgado para colocar essas ideias em ação, fui para a Starwood Hotels como CMO e chefe de vendas globais. Logo percebi que as coisas eram diferentes. Na Deloitte, éramos uma equipe que subia uma colina juntos. Nossa meta era estar, um dia, no mesmo nível da Accenture e da McKinsey, mas éramos a mais baixa das oito grandes consultorias globais em termos de reconhecimento de marca e outras métricas. Apesar disso, éramos uma equipe forte com uma missão compartilhada. Quando saí para ingressar na Starwood, tínhamos a mesma aspiração de reinventar o setor de hospitalidade, mas não éramos uma equipe coesa. A Starwood teve quatro CEOs (Chief Executive Officers) ao longo de cinco anos e, apesar de grandes inovações, como nosso premiado programa de fidelidade SPG, o W Hotel e o design do colchão com pillow top, a "Heavenly Bed", éramos inferiores em escala em comparação com nossos grandes concorrentes Hilton e Marriott, e os custos que a Starwood alocava por hotel (para vendas globais e call centers, por exemplo) eram muito mais altos. Cada um dos colaboradores tinha todo o conhecimento de que precisávamos; tínhamos operadores hoteleiros fortes, engenheiros imobiliários e financeiros brilhantes e mentes inovadoras nas áreas criativa e de marketing, mas nunca alcançamos a segurança psicológica e a interdependência necessárias para reunir tudo isso e vencer. A Starwood foi vendida para a Marriott em 2016, não porque estivesse fazendo grandes negócios, mas porque ainda restava algum valor em nosso programa de fidelidade de hóspedes. Não era uma forma de garantir um ótimo múltiplo. Vi de maneira tão pessoal e íntima o poder do que hoje chamo de teamship, além da experiência ter sido tão expressiva — tão rica na Deloitte, tão crua na Starwood — que me comprometi a fundar meu próprio instituto de pesquisa e empresa de coaching para investigar e explorar as práticas de teamship.

DUAS INFLUÊNCIAS

Naquela época, no início dos anos 2000, havia duas fortes influências em meu pensamento. Uma foi o trabalho seminal de Patrick Lencioni e seu excelente livro sobre *Os 5 desafios das equipes*. A outra foi a pesquisa da Gallup sobre a medição do envolvimento dos funcionários e sua correlação com o desempenho corporativo. A inovadora metodologia Q12 da Gallup foi um poderoso despertar para o RH de que a cultura poderia ter métricas direcionais para a melhoria dos negócios. O que percebi foi que essa pesquisa qualitativa baseada em levantamento tinha um foco individual e empresarial, mas não uma orientação de equipe, que é o que eu estava acreditando ser a essência de onde e como o trabalho acontece e pode ser aprimorado. Na época, certamente foi uma informação reveladora entender que, se um funcionário tivesse um melhor amigo no trabalho (uma das primeiras Q12 da Gallup), haveria um aumento no engajamento de ambos. E, no entanto, é um ponto de vista diferente e igualmente importante fazer a pergunta se o funcionário sente que sua equipe o apoia. Como líder ou colaborador, quero ter um painel de controle para o sentimento e o desempenho dos meus colaboradores e práticas claras para nos elevar. Muitas vezes, passamos tão rapidamente da análise do indivíduo e do líder para a agregação à empresa que perdemos a análise crítica e a intervenção da equipe. Eu queria ver um painel que mostrasse como nossas equipes estão se saindo e compará-las com equipes de alto desempenho dentro e fora da empresa. Entrei em contato com um dos líderes da Gallup na época, que havia sido fundamental no desenvolvimento e na pesquisa do envolvimento dos funcionários, sugerindo que criássemos o diagnóstico de desempenho de equipe mais rigoroso possível. E foi isso que fizemos. Essa é uma das principais peças que faltam no painel de desempenho da maioria dos líderes e das equipes. Você lerá sobre o diagnóstico no Capítulo 2 e o experimentará nas páginas seguintes. Essa foi a gênese do Greenlight Research Institute, um órgão de pesquisa aplicada dedicado a projetar intervenções práticas, que chamamos de práticas de equipe de alto retorno. Reunimos pesquisas primárias de instituições como Oxford, Wharton, Massachusetts Institute of Technology (MIT) e Harvard Business School, combinadas com observações do mundo real ao longo de vinte anos de experiência em "laboratório" de treinamento das melhores equipes do mundo. Sei que *Jamais coma sozinho* foi uma grande sensação porque estava repleto de práticas simples que, se tentadas, poderiam mudar o jogo. Este livro segue a mesma fórmula: há mais de trinta práticas de teamship para serem experimentadas.

INTRODUÇÃO AO TEAMSHIP

Durante décadas, o papel do líder foi elevado. Mas as melhores equipes do mundo não vencem apenas por causa da liderança. Elas vencem em grande parte por causa de seu teamship. Um bom líder dá feedback. Um grande líder garante que a equipe dê feedback uns aos outros. Um bom líder responsabiliza os membros da equipe; um grande líder garante que a equipe se responsabilize mutuamente. Um bom líder mantém a energia da equipe alta; um grande líder garante que a equipe seja responsável pela energia uns dos outros. Porém, mais do que o líder, essa é a responsabilidade da própria equipe. Retire o líder dos comentários anteriores e uma grande equipe dará feedback uns aos outros. Uma grande equipe se responsabiliza mutuamente. Uma grande equipe é responsável pela energia de cada um. Exploraremos os dados por trás dessa análise — as três mil avaliações diagnósticas realizadas com equipes em vinte anos de coaching — ao longo deste livro.

POR QUE O TEAMSHIP É IMPORTANTE

Esperamos tudo do líder e damos muito pouco foco aos colaboradores e à responsabilidade que eles têm uns com os outros. Ignoramos como extrair bilhões de dólares de valor para os acionistas a partir da interdependência de talentos dentro e entre as equipes. Quando nos referimos a uma equipe, não nos referimos apenas ao organograma, mas ao grupo que trabalha para realizar o que precisa ser feito. O trabalho acontece em redes de equipes. Melhorar as equipes e o que significa ser um ótimo colaborador é uma das oportunidades menos aproveitadas e menos alavancadas para acelerar os resultados dos negócios atualmente. Na verdade, nossa pesquisa revelou que parte da maior erosão do valor para os acionistas vem de um único hábito debilitante da maioria dos colaboradores: evitar conflitos. O teamship e nossas práticas tratam disso.

Nós cultivamos um elevado respeito e admiração pela imagem de um grande líder. No entanto, as grandes empresas e os titãs se veem perturbados e derrubados por startups com equipes de fundadores que têm o espírito de teamship em seus comportamentos e práticas cotidianos, que se comprometem com a missão e uns com os outros. Eles são a maior parte dos 15% das equipes mais disruptivas descobertas por nossa pesquisa, algo que começaremos a explorar mais no próximo capítulo. Há muito pouca discussão sobre como um líder pode incentivar e mudar as equipes desses comportamentos antigos, tão presentes, para os comportamentos, processos, práticas e ferramentas teamship de classe mundial que o mundo do trabalho exige atualmente.

O teamship foi projetado para o mundo volátil de hoje. A volatilidade e a pressão sobre o desempenho no mundo ao nosso redor exigem um propósito extremo e coletivo dos colaboradores. Não deveríamos ter tempo para rotinas congeladas e protocolos petrificados que representam obstáculos ao crescimento. Em meu último livro, *Competir no novo mundo do trabalho*, descrevi uma metodologia chamada adaptabilidade radical, baseada em entrevistas e observações com mais de dois mil líderes sobre a aceleração de mudanças por meio da incerteza. A adaptabilidade radical exige uma cultura enraizada em previsão, inclusão, agilidade e resiliência, bem como os comportamentos e práticas da equipe que a impulsionarão. O objetivo é uma cultura de trabalho de inovação ágil e ousada e uma cocriação mais ampla que aconteça de forma acelerada. As dez ações transformadoras necessárias para desenvolver o teamship refletem o mundo atual do trabalho híbrido com equipes em networking. Elas falam da necessidade de uma mudança no contrato de trabalho e da agilidade em um ambiente que se transforma radicalmente. Elas abordam questões que simplesmente não ocupavam o mesmo lugar na agenda há duas décadas, como diversidade, equidade e inclusão, ou o surgimento da inteligência artificial e seu potencial para transformar a colaboração em equipe. Para transformar os resultados dos negócios no mundo de hoje, é necessário criar uma nova cultura de trabalho.

A ESTRUTURA DO TEAMSHIP

Em última análise, a transformação para o teamship tem duas forças motrizes:

1. **Comportamentos de coelevação.** Coelevação é o acordo entre colaboradores que treinamos para integrarem equipes para solução de problemas de modo colaborativo. Coelevação é o contrato de um grupo de pessoas profundamente comprometidas com a realização de uma missão, mas também profundamente comprometidas em elevar uns aos outros enquanto realizam essa missão. Isso significa que os colaboradores não esconderão a verdade, não evitarão conflitos e compartilharão o que estão sentindo uns com os outros. Em nosso treinamento, participamos das reuniões de pessoal e ajudamos a equipe a perceber que, embora possa haver diferentes disciplinas ou divisões representadas na sala, todas elas precisam compartilhar a mesma meta empresarial. Isso liberará 30% do tempo de um líder para que a equipe se esforce. Além disso, o comprometimento com uma equipe de colegas coelevadores na sala permitirá que você acelere a inovação, a ousadia e os resultados extraordinários. Aprenderemos mais sobre como despertar para comportamentos de coelevação no Capítulo 2.

2. **Processos e ferramentas de colaboração do século XXI.** Isso significa não depender mais de reuniões antiquadas e ineficazes como a principal forma de colaboração: (a) adotando padrões de trabalho assíncronos e software de colaboração para mudar ciclos inteiros de colaboração antes das reuniões; (b) promovendo uma colaboração mais inclusiva, aproveitando novamente o software para envolver mais pessoas na cocriação, a fim de obter um pensamento mais ousado sem desacelerar as coisas; (c) adotando agilidade como um sistema operacional em toda a empresa, não apenas na engenharia ou no gerenciamento de projetos, mas desde a equipe C-suíte (cargos de alto escalão) até às demais equipes de outros níveis hierárquicos; e (d) pensando em como a IA se torna parte da equipe. Falaremos mais sobre processos colaborativos, software, IA e agilidade empresarial nos Capítulos 6 e 7.

Podemos dividir a grande mudança para o teamship em dez ações transformadoras comportamentais e de processos e práticas simples que, cada vez mais, passam da liderança tradicional de comando e controle para a coliderança da equipe por pares. Esse tipo de liderança raramente é ensinado, pois não é o modelo tradicional liderado por um líder que todos nós esperamos.

Vamos dar uma olhada em cada prática transformadora de maneira um pouco mais detalhada:

1. **Mudança de liderança hub-and-spoke para a coelevação da equipe.** A primeira ação transformadora é despertar os membros do time para a esperança e a possibilidade de uma nova maneira de ser e de um nível mais elevado de desempenho. Apresentamos o exercício de diagnóstico que começa a revelar o estado atual da equipe, dando a eles o primeiro

vislumbre de como as coisas poderiam ser se decidissem concordar com um novo contrato social, para experimentar um conjunto diferente de comportamentos entre eles. Esse é o ponto de virada, reforçado pela aplicação repetida de novas práticas, que ajuda o time a perceber que é possível fazer algo bem diferente. O diagnóstico é apresentado em todo o livro.

2. **Mudança da prevenção de conflitos para franqueza.** Não há conversas de bastidores em equipes de classe mundial, nem mensagens diretas críticas entre colaboradores sobre os outros. Os membros da equipe mudaram para um acordo em que se preocupam o suficiente com o sucesso uns dos outros para que nada seja ocultado entre si ou da equipe que possa ser valioso para a obtenção de melhores resultados.
3. **Mudança de relacionamentos fortuitos para a criação de vínculos intencionais na equipe.** Aqui passamos de relacionamentos acidentais ou por acaso no proverbial cafezinho para a construção de vínculos bem-intencionados que geram confiança e verdadeiro entendimento entre os colegas. As equipes que mudaram para o estabelecimento de vínculos intencionais, especialmente aquelas que são híbridas, obtiveram grandes recompensas culturais, muito mais do que confiar na velha caminhada pelo corredor.
4. **Mudança da resiliência individual para a resiliência de equipe.** Essa mudança é para que a equipe aceite a tarefa de se apropriar e elevar a energia uns dos outros e sustentar a resiliência da equipe. Apoiar uns aos outros. A quem recorremos quando batemos em uma parede? Observar e assumir a responsabilidade por nossos níveis de energia não pode mais ser apenas nossa responsabilidade individual ou

até mesmo o trabalho do líder ou do RH, é nosso trabalho como colaboradores.

5. **Mudança para elevar a colaboração: cocriação mais ampla e a adoção de reuniões transformadoras.** Realizar uma reunião não é a única forma de colaboração — as reuniões não são nem mesmo a primeira forma de colaboração. Precisamos mudar para uma abordagem mais ousada e inclusiva de colaboração que leve a uma maior diversidade de pensamento e a ideias mais inovadoras de uma rede mais ampla de participantes — dentro e fora da organização. Em última análise, as equipes de classe mundial pensam na colaboração não como uma reunião, mas como uma plataforma colaborativa — uma série de diferentes modos de colaboração, do assíncrono ao presencial, cada um dos quais deve ser propositalmente projetado. Até mesmo as equipes totalmente remotas percebem a importância do envolvimento presencial regular. Hoje em dia, a colaboração também deve incluir a introdução de novos processos e ferramentas de trabalho em equipe e o uso regular de software, incorporando as perspectivas de colaboradores humanos e de IA.
6. **Mudança para o executivo e equipes ágeis.** A mudança simples, mas poderosa, para um processo de equipes ágeis é o único sistema operacional viável para interagir na volatilidade de hoje, permitindo-nos considerar todas as possibilidades, adaptar-nos e acelerar a realização de iniciativas ousadas.
7. **Mudança de uma cultura de elogios feitos pelo líder para a celebração e o reconhecimento entre pares.** Apesar de todas as conversas difíceis e da responsabilidade entre colaboradores envolvidos no teamship, não podemos esquecer o poder do reconhecimento e da comemoração e, como em

todas as outras mudanças, podemos tê-los em abundância se forem projetados para vir de nossos colegas e não apenas de nosso chefe. O reconhecimento e a comemoração continuam a nos impulsionar diante de obstáculos sem precedentes, sendo necessários com frequência e por parte de todos ao nosso redor.

8. **Mudança para diversidade, inclusão e pertencimento.** Se você tivesse uma equipe para treinar por seis meses para se tornar o emblema brilhante da diversidade, equidade e inclusão, o que você faria? Essa foi a pergunta que fiz aos líderes em uma reunião do Fórum Econômico Mundial em 2023. As equipes mais inovadoras apreciam e constroem a grandeza a partir de perspectivas diversas. Transformar o que muitas vezes são as divisões não ditas e sensíveis da alteridade e do privilégio, em conversas produtivas e de vínculo, pode ter um impacto enorme na capacidade de uma equipe de alavancar todo o potencial do time para uma inovação revolucionária.
9. **Mudança para uma equipe formada por colaboradores intencionais que treinam uns aos outros.** Em uma equipe de classe mundial, todos nós buscamos constantemente o crescimento, e essa mudança consiste em deixar de esperar que o líder seja nosso instrutor e passar a aceitar nossos colaboradores como nossos instrutores, responsabilizando-nos mutuamente por nosso desempenho e crescimento.
10. **Mudança de divisões para alinhamento.** Quando as equipes adotam as dez ações transformadoras, elas alcançam o que a maioria não consegue alcançar e manter: alinhamento verdadeiro e constante, mesmo em meio a todas as reviravoltas de um mundo volátil, tornando-se uma equipe radicalmente adaptável. Mas não se trata apenas de mudar a mentalidade. A mudança de comportamentos antigos para compor-

> tamentos de coelevação, juntamente com os processos e as ferramentas do teamship, transforma nossas práticas de alto retorno em hábitos diários do time. Uma de minhas frases favoritas é: "Não pensamos em novas formas de agir, agimos em novas formas de pensar". É verdade.

Em cada estágio da jornada de transformação para o teamship — à medida que a segurança psicológica aumenta, a inovação ousada se acelera e os resultados revolucionários se sucedem —, um conjunto de práticas de teamship transforma os comportamentos em reflexos: hábitos de equipe.

INTRODUÇÃO ÀS PRÁTICAS DE TEAMSHIP

Por meio de nossa pesquisa e monitoramento de milhares de equipes, quando vemos o que pode ser considerada uma "prática recomendada", nós a retiramos, refinamos com pesquisas secundárias e a reaplicamos a outras equipes em nosso conjunto de pesquisas, até sabermos que ela mudará a situação de forma mensurável. Em seguida, ela se torna uma prática de equipe de alto retorno, e nós a treinamos nas equipes com as quais trabalhamos. As práticas de teamship são a maneira mais fácil de fazer com que sua equipe adote um novo comportamento e, por fim, uma nova mentalidade. Uma prática típica de teamship é uma tarefa simples e direcionada que é relativamente fácil de implementar e que, se repetida, aumentará a eficácia da equipe de forma drástica. Cada capítulo contém várias práticas projetadas para alcançar mudanças comportamentais, aprimorar o funcionamento da equipe e melhorar a saúde da organização como um todo. Essas práticas têm sido o valor diferenciador do nosso coaching de equipes há anos — mudando a cultura das organizações por meio das práticas e do trabalho de suas equipes. Elas nos permitiram escalar nosso coaching para além de mim, contratando facilmente muitos coaches capazes de ajudar as equipes a dar vida a essas práticas de alto retorno, por meio do uso repetido durante um período de seis meses. Tanto os coaches quanto os colaboradores podem se tornar treinadores de teamship em seu trabalho. Foi essa consciência de que meu próprio treinamento poderia ser ampliado, aliada ao meu desejo de causar um impacto maior no mundo dos negócios e na sociedade, que me fez decidir publicar essas práticas e dar a todos vocês o mesmo acesso que meus coaches e clientes tiveram a essas ações transformadoras. Em suas mãos, você e seus colaboradores podem usar comportamentos, processos e ferramentas de coelevação e passar a trabalhar em equipe. A melhor próxima etapa é nomear um embaixador teamship na equipe, que seja apaixonado por mudanças e que garanta que todos deem a todas as ações transformadoras uma chance saudável de adoção. Com o tempo, todos nós nos tornaremos embaixadores teamship, mas, para começar, quando o restante de nós se esquece rapidamente e volta aos velhos hábitos, ter um embaixador conectado ao líder e à equipe ajudará a treinar os novos comportamentos.

NOSSA JORNADA PARA O TEAMSHIP

Nos últimos vinte anos, tenho treinado equipes por meio das dez mudanças em seis meses com resultados transformadores. O ideal é que você trabalhe neste livro como uma equipe, aprendendo juntos novos comportamentos e práticas de alto retorno, experimentando-os de maneira interativa. Ao longo do livro, você receberá um conjunto de questões diagnósticas que ajudarão sua equipe a entender a diferença entre os comportamentos e as práticas atuais, e o que é possível para uma equipe de classe mundial em uma jornada para o teamship. Use este livro como um manual à medida que avança na mudança de cada capítulo e nas práticas de teamship associadas. Você ficará surpreso com o fato de que a adoção das práticas de alto retorno trará rapidamente à tona a percepção de quão longe sua equipe ainda precisa ir. Confie nas práticas. Adote e use essas práticas para se tornar uma equipe dos sonhos.

CAPÍTULO 2

MUDANÇA DE LIDERANÇA HUB-AND-SPOKE PARA A COELEVAÇÃO DA EQUIPE

Regra de Alerta:

Nós estamos igualmente comprometidos com todas as metas da equipe e uns com os outros para alcançar o objetivo.

Sergey Young estava fazendo o que a maioria dos líderes considera impossível: perseguir uma meta de crescimento em dez vezes, liberando 30% do seu tempo. A equipe de sua empresa de capital de risco estava em uma ambiciosa missão de multiplicar por dez os ativos sob gestão, chegando a US$10 bilhões, enquanto ele também procurava dedicar mais tempo do que nunca à sua verdadeira vocação, o nascimento de um novo fundo e uma profunda paixão por prolongar a vida humana. Young é um ex-consultor da McKinsey. Inteligente. Encantador. Incansável em sua motivação, exigente em seus padrões. Mas, para alcançar o que queria, Young precisava superar o único grande obstáculo aos seus objetivos. Sua equipe precisava se tornar o motor de crescimento de seu negócio tradicional de capital de risco. O comportamento tradicional de Young — seu brilhantismo, apetite pelo trabalho e perfeccionismo — estava limitando sua ambição e o progresso de sua equipe. Ele precisava compartilhar a carga de liderança com seu time.

O despertar de Young aconteceu em Roma, nos belos jardins da Cidade do Vaticano, sentado ao lado de uma fonte renascentista. Nós dois fomos convidados para uma reunião organizada pelo Papa e seu conselho para explorar os impactos na sociedade do prolongamento radical da vida humana. Young estava ansioso para dedicar mais tempo a uma missão extraordinária de prolongar a vida humana saudável, investindo em tecnologias de longevidade e biotecnologia por meio do novo Longevity Vision Fund. Young é um dos cocriadores da competição XPRIZE Healthspan, que concederá US$101 milhões a qualquer equipe que consiga, essencialmente, tornar os seres humanos com mais de 65 anos pelo menos duas décadas mais jovens após apenas um ano de tratamento. É uma missão para democratizar a longevidade, para estender a vida útil de todos os seres humanos, não apenas da elite bilionária. Pessoalmente, Young espera viver muito além dos 100 anos com um corpo tão saudável e em forma quanto o de uma pessoa de 25 anos. Você não apostaria contra ele. Mas, naquele dia, conversando nos tranquilos jardins do Vaticano, eu lhe perguntei: "Qual é o seu objetivo, Sergey? Ele é compartilhado por seus colaboradores e eles são capazes de alcançá-lo?" Ele falou sobre seu profundo compromisso com o crescimento para seus investidores e a esperança de liberar mais tempo para seu trabalho de longevidade humana. Ele pensava nisso como uma sequência, mas eu lhe perguntei, se fosse possível alcançá-los em paralelo? Se conseguíssemos romper seu estilo de liderança hub-and-spoke, ambas as metas estariam ao nosso alcance. Young fez com que sua agenda superlotada funcionasse, gastando o mínimo de tempo possível por tarefa e na direção do time, em vez de capacitar a equipe de pessoas excepcionalmente inteligentes que ele havia contratado. Se Young quisesse tornar realidade essa iniciativa, ele precisaria deixar de confiar em sua liderança e passar a capacitar a equipe. Como explicamos no Capítulo 1, o teamship é a forma como vemos as equipes de classe mundial vencerem bem como o resultado de uma equação simples: a adoção do que este capítulo definirá como comportamentos de coelevação entre os colaboradores, juntamente com novos processos, práticas e ferramentas de colaboração, detalhados nos capítulos seguintes.

Algumas semanas depois, encontrei Young e seu time sênior em um ambiente muito diferente, no último andar de um hotel em Las Vegas, para uma sessão de treinamento. Olhando para trás, Young diz:

> Com o time, era sempre assim: "Eu dou uma diretriz, você vai e faz". Essa parecia ser a maneira mais eficiente de administrar a organização. É claro que acabei percebendo que o problema era que minha organização estava muito centrada em mim. Cheguei ao limite da minha — e, portanto, da nossa — capacidade de crescer. Essa percepção era tão clara que, a menos que eu mudasse o modus operandi da equipe e a maneira como trabalhávamos, ficaríamos presos em um nível muito baixo.

Young usou uma frase elegante para resumir a situação: ele sabia que tinha contratado estrelas; agora precisava de uma constelação. A questão era: "Como fazer essa mudança?"

APRESENTANDO A PRIMEIRA AÇÃO TRANSFORMADORA: COELEVAÇÃO

A primeira mudança é um despertar e um compromisso com o que chamamos de comportamentos de coelevação — um grande momento de percepção sobre a mediocridade de como a maioria de nós tem trabalhado. Muitos colaboradores operam em coexistência. Eles fazem seu trabalho e não querem incomodar uns aos outros. Acham que é sua responsabilidade fazer o máximo que puderem em suas divisões e só aceitam a colaboração quando absolutamente necessário — não porque acham que isso acrescentará riqueza à resposta, mas porque estão bloqueados. Na pior das hipóteses, quando a colaboração é desordenada, ocorrem desentendimentos e os relacionamentos são fracos, caímos no ressentimento entre os participantes críticos que deveriam estar no mesmo time. Mas, na maioria dos casos, simplesmente perdemos a incrível oportunidade de colaborar, de nos impulsionar uns aos outros e de alcançarmos muito mais como equipe do que conseguiríamos individualmente. Em um mundo de recursos escassos e enorme volatilidade, trabalhar sozinho não é a solução para o sucesso, muito menos para o sucesso exponencial. A maioria das equipes trabalha assim; a maioria dos líderes aceita isso, alguns até incentivam.

A alternativa é a coelevação. É o conjunto de comportamentos que impulsiona o teamship. Coelevação é o conjunto de compromissos comportamentais de um time com a missão e uns com os outros, uma crença inabalável em vencer juntos e impulsionar uns aos outros no processo. Os comportamentos e práticas de coelevação, juntamente com os processos e ferramentas de equipe, nos levarão a lugares com os quais apenas sonhamos. Mas isso começa com o reconhecimento de que a colaboração antiquada e as suposições de como nos comportamos uns com os outros e de quem somos como colaboradores precisam passar por uma mudança sísmica.

Movidas por essa transformação, as equipes de melhor desempenho podem encontrar crescimento inesperado e diminuir riscos desavisados. Elas lutam unidas para atingir metas audaciosas e encontram um enorme valor nas interdependências entre elas. Mesmo quando uma equipe pode ser formada por divisões muito distintas, os colaboradores podem despertar para a percepção da sabedoria e do insight que estão acumulados entre seus pares. Testemunhei a execução desse compromisso comportamental nas melhores empresas da Fortune 500, em marcas empreendedoras de médio porte, em startups de rápido crescimento, em organizações não governamentais (ONGs) e até mesmo em órgãos governamentais com os quais trabalhamos. Essas mudanças e práticas também podem funcionar em um restaurante de bairro! Meu restaurante favorito, o WeHo Bistro, aplicou o compromisso com a coelevação, e agora o proprietário liberou 50% de seu tempo. A comida, a qualidade do serviço e a fidelidade dos clientes são extraordinárias. Escrevi um artigo sobre como o governo e o gabinete dos EUA poderiam funcionar melhor com a coelevação e, em seguida, passei a treiná-la no governo do Butão. Já vi equipes de coelevação criarem bilhões de dólares de valor para os acionistas por meio de inovação, transformação e uma recusa obstinada em deixar que os outros fracassem. Elas compartilham a carga de liderança para alcançar resultados extraordinários. Essa é a mudança de que Sergey Young e seu time precisavam.

Meu querido amigo Peter Diamandis, cofundador da Singularity University, descreveu o antes e o depois da mudança para o comportamento de coelevação com sua equipe na XPRIZE Foundation. "No fim das contas, se você se sente responsável por tudo e se certifica de que todos estão fazendo tudo o tempo todo, isso pode se tornar exaustivo", diz Peter. "Depois de um compromisso com a coelevação, tenho muito orgulho do meu time. E sinto-me animado com o inesperado porque não estou gerenciando tudo o tempo todo. Coisas incríveis e surpreendentes podem acontecer". Nas equipes de coelevação, relacionamentos cocriativos sólidos são forjados com base em feedback sincero e responsabilidade mútua. Os resultados quase sempre excedem o que poderia ter sido realizado por meio de canais regulares dentro do organograma. Quando nos comprometemos com o teamship e com os comportamentos de coelevação, trabalhamos com mais energia positiva, geramos ideias inovadoras mais ousadas, expandimos nossas habilidades e executamos com mais rapidez. Em comparação com as equipes típicas, nossa pesquisa mostra que as equipes de coelevação obtêm um aumento de 79% na franqueza, 46% na colaboração e 44% na responsabilidade. Infelizmente, esse é um padrão de teamship que apenas 15% das equipes do mundo atingem atualmente.

PRÁTICA DE TEAMSHIP: RECONTRATAÇÃO E O NOVO CONTRATO SOCIAL PARA EQUIPES

Além de falar sobre a "cultura" de uma organização, gosto de chamar a atenção de forma muito clara e prática para o "contrato social" de uma equipe de trabalho. De fato, um contrato social (geralmente pouco claro e não declarado) orienta todos os nossos comportamentos de relacionamento: como colaboramos, como tratamos uns aos outros, o que é dito e não dito, nossas formas de engajamento e até mesmo quais processos e ferramentas usamos para interagir. Ele determina as questões que abordamos e as que não abordamos. O contrato social correto é a espinha dorsal do sucesso da equipe. Alguns chamam isso de cultura, mas acho que essas discussões são muito vagas e distantes do trabalho diário de uma equipe. Gosto de pensar nisso como um contrato entre colaboradores que pode ser cirurgicamente projetado no nível da equipe, para responsabilizar uns aos outros pela aplicação das práticas acordadas que ajudam o novo contrato a ser cumprido e sustentado. O sucesso de toda a equipe não é alcançado apenas por um ou dois indivíduos que mudam de comportamento, nem mesmo o líder. É preciso que todos na equipe concordem que há noções antigas de nosso comportamento que não nos servem mais no mundo em que vivemos hoje, devendo ser deixadas para trás por meio da adoção de novas práticas comprovadas. A engenharia da mudança para o teamship começa com uma discussão aberta e a renegociação do contrato social existente para cada uma das dez ações transformadoras entre a equipe. À medida que explorarmos cada mudança nos próximos capítulos, veremos como abrir a discussão sobre o novo contrato social para a mudança e as práticas de alto retorno que o apoiam.

Essa primeira mudança, o despertar para os comportamentos de coelevação, não está tanto no fazer. É uma nova consciência, um despertar para a esperança e a possibilidade de que um novo conjunto de comportamentos e um novo nível de desempenho sejam possíveis — a consciência da responsabilidade de ser um colaborador de alto desempenho. Para alcançar esse despertar, usamos uma prática de teamship de alto retorno chamada recontratação, que continuaremos revisitando em cada capítulo para cada ação transformadora. Simplificando, recontratação é o processo de discutir o novo contrato social atual e possível para a coelevação e concordar em experimentar as práticas de teamship de alto retorno que estão sendo introduzidas.

Quando esse processo começa, geralmente há muito a ser superado. Algumas equipes têm bolsões de ressentimento que as tornam resistentes às contribuições e ideias umas das outras. Elas acreditam que falar pelas costas umas das outras é aceitável. Como mencionei anteriormente, algumas simplesmente coexistem, cada uma maximizando suas responsabilidades individuais e tentando não se impor, a menos que precisem colaborar em locais onde seu trabalho se sobrepõe. Na realidade, a diversidade das contribuições dos outros não é realmente valorizada. Essa, e pior, em todas as dez ações transformadoras, é uma posição provável onde encontramos a equipe média. Infelizmente, muito se perde com esses antigos contratos de equipe ocultos, essas suposições de relações de trabalho aceitáveis. O contrato social de coelevação é sobre devotar-se a um compromisso totalmente maior de desempenho e serviço entre a equipe. Mas, devido a uma vida inteira de antigas suposições vividas todos os dias, será que sabemos como seria servir uns aos outros como colaboradores de coelevação? Como seria unificar todas essas mudanças comportamentais? E como chamamos a atenção e despertamos para os pontos em que poderíamos e deveríamos mudar para um novo conjunto de crenças e práticas de equipe? Usamos uma ferramenta de diagnóstico com vinte perguntas e um sistema de pontuação de 0 a 5 para iniciar a recontratação: isso nos permite abrir a discussão com as equipes sobre seu contrato social propositalmente projetado e, em seguida, ao contrário de conversas isoladas sobre cultura e valores, podemos auditar nosso progresso todos os meses observando e discutindo a adoção de práticas simples de teamship de alto retorno. Essas perguntas de diagnóstico abrangem as dez ações transformadoras para o teamship. Você encontrará as perguntas de diagnóstico associadas a uma mudança e como discuti-las com sua equipe no capítulo referente. A lista completa de perguntas de diagnóstico também está no apêndice.

Uma observação interessante: um dos problemas que descobrimos é que estamos tão acostumados a aceitar o comportamento das equipes hoje em dia que, se enviarmos a ferramenta de diagnóstico antes de falar sobre o significado de cada pergunta e o que o novo padrão realmente representa na prática, os resultados serão bem diferentes. Uma pergunta como: "Nós desafiamos uns aos outros quando é arriscado fazer isso?", recebe uma pontuação bastante alta se for feita sem uma discussão prévia entre a equipe, pois as pessoas nunca pensaram em como esse grau de discussão franca funcionaria ou apareceria em relação ao trabalho atual da equipe. Porém, se pudermos explicar como é essa pergunta quando uma equipe realmente amplia seu nível de franqueza e assume riscos uns com os outros, e contextualizá-la antes de responder à pergunta, a pontuação será um pouco menor.

É importante fornecer a textura da pergunta para a equipe considerar. Texturas como: "Quando há algo de que você discorda, mas é um item passional, nós simplesmente 'deixamos passar'?" Ou talvez dar um exemplo que todos nós vemos todos os dias, como "Se sairmos de uma sala, as conversas reais começam a acontecer durante a caminhada pelo corredor?" pode gerar respostas mais precisas. Nossas vozes internas são ouvidas em tempo real? Quando sabemos que há uma falta de alinhamento, presumimos que isso será resolvido mais tarde? Às vezes, vemos as pessoas exercerem seu poder de veto ficando em silêncio e agindo de forma contrária ao que foi discutido? Temos aquelas "reuniões depois da reunião"? Mensagens privadas sobre o assunto são trocadas durante uma reunião?

Ficamos tão acostumados a aceitar equipes medíocres que não percebemos que nos falta integridade profissional em nosso contrato social; estamos longe demais de conseguir imaginar o que poderia ser bom para ficarmos insatisfeitos com nosso comportamento. Da mesma forma, quando treinamos uma equipe durante meses para atingir um nível de coelevação, descobrimos que, às vezes, na segunda vez em que fazem o diagnóstico, as respostas são mais baixas em algumas áreas, porque a equipe já percebeu como é o feedback real entre si ou como responsabilizar uns aos outros. Então, no terceiro diagnóstico, as respostas são muito mais altas, pois esse despertamento, juntamente com a aplicação das práticas de alto retorno, é exatamente o que o time precisava para se elevar.

Uma revelação transparente do contrato social existente entre os colaboradores com os resultados do diagnóstico e o envolvimento em uma discussão saudável entre a equipe sobre o estado dos comportamentos da equipe é sempre um ótimo ponto de partida. Esse diagnóstico e a discussão são o início de um compromisso da equipe com um novo contrato social da coelevação.

REGRAS DE ALERTA E REPLAYS DE ALERTA

As Regras de Alerta são as regras de engajamento de uma equipe, redigidas de forma simples e fáceis de lembrar, para cada uma das dez mudanças acordadas como parte do novo contrato social. As Regras de Alerta dizem respeito a como devemos nos comportar uns com os outros. As Regras de Alerta são compromissos que assumimos com nossos colaboradores para trabalharmos juntos e nos engajarmos interpessoalmente de forma a ajudar a realizar cada uma das dez mudanças de teamship. Um Replay de Alerta, portanto, é algo que fazemos regularmente, de preferência uma vez por mês, que faz uma retrospectiva e pergunta: "Como estamos nos saindo em relação aos nossos compromissos com as Regras de Alerta e com as práticas que acordamos para alcançar o objetivo? Será que voltamos aos antigos comportamentos do contrato social e violamos esses novos acordos? Precisamos humildemente apontar onde poderíamos ter usado melhor as práticas de parceria de alto retorno?" Todos devem se preparar para essa discussão, de modo que devemos comemorar aqueles que se apresentam à equipe como um ato de comprometimento e compreensão de que somos todos humanos e cometeremos erros e continuaremos crescendo juntos. Não há expectativa de perfeição e não há vergonha em crescer com nossos erros. A Regra de Alerta para a mudança de liderança hub-and-spoke para coelevação é: "Estamos igualmente comprometidos com todas as metas da equipe e uns com os outros para alcançar o objetivo."

A partir de agora, cada capítulo terá uma Regra de Alerta e uma seção sobre recontratação para ajudar o time a explorar o que a mudança significa antes de fazer o diagnóstico. Você também encontrará a lista completa de regras no apêndice.

Como mencionamos no Capítulo 1, em qualquer programa de mudança é tentador voltar aos velhos hábitos. Nomear um embaixador do time desde o início para trabalhar ao lado do líder e da equipe para defender os novos comportamentos e práticas ajudará a incentivar a adoção. O trabalho de cada colaborador é seguir essa jornada. É tarefa de cada colega de equipe comprometer-se com um desempenho mais elevado e com padrões mais elevados de comportamento da equipe. Não é tarefa para uma única pessoa. Mas alguém capacitado na equipe para incentivar e atuar como treinador no início ajudará a acelerar as mudanças.

DA CONTRATAÇÃO DE ESTRELAS À FORMAÇÃO DE UMA CONSTELAÇÃO

Um novo contrato social de equipe era necessário para que a equipe de Sergey Young atingisse sua meta de crescimento de dez vezes e realizasse sua ambição de ter mais tempo para seu fundo de longevidade. Por exemplo, de acordo com o contrato de equipe existente, a ideia de que eles desafiassem uns aos outros na frente de Young era altamente improvável. A ideia de que eles pudessem desafiar abertamente a opinião de Young? Isso era impossível. Trabalhamos em nosso exercício de diagnóstico que comparava a equipe sênior de Young com o padrão de classe mundial. Dei cor a cada pergunta do diagnóstico e dei vida a cada uma das mudanças de equipe. Eu os incentivei a responder às perguntas do diagnóstico sem medo ou constrangimento, por ser um processo anônimo. Young reforçou: "A maneira como dizemos que nos comportamos é apenas uma referência em uma jornada que podemos fazer juntos, cabendo a nós, como equipe, decidir até onde e quão rápido queremos ir". As pontuações foram baixas. Em seguida, fiz três perguntas:

- O local onde estamos é aceitável para nós?
- Ao fazer o diagnóstico, em que ponto específico vocês sentiram que precisavam mudar e abandonar algumas formas antigas de trabalhar que talvez não lhes sirvam bem?
- Vocês estão dispostos a fazer um contrato/compromisso entre si para adotar novas formas de trabalho baseadas nesses pontos?

Como um dos executivos de Young me disse meses depois: "Ficou claro que a adoção de novas formas de trabalho era a única maneira de atingirmos as metas de crescimento aparentemente espantosas de Young. Se todos trouxessem nossos maiores problemas para a mesa e trabalhassem coletivamente em prol de uma meta alinhada, em vez de apenas nos matarmos individualmente para satisfazer a Young, as metas logo não pareceriam tão espantosas". Quanto a Young, ele diz: "Rapidamente pude dedicar mais tempo à estratégia e às relações com investidores para o negócio principal de capital de risco e, ao mesmo tempo, desenvolver meu novo projeto do coração. Meu trabalho passou a ser o de garantir que o time crescesse e os colaboradores se sentissem apoiados uns pelos outros, em vez de se sentir como se estivessem isolados e prestando contas apenas a mim. O treinamento liberou cerca de um terço do meu tempo e permitiu que atingíssemos as metas originais e que eu iniciasse um negócio totalmente novo". A verdade é que o trabalho em equipe liberou esse tempo e colocou as metas extraordinárias de Young ao seu alcance.

CAPÍTULO 3

MUDANÇA DE PREVENÇÃO DE CONFLITOS PARA FRANQUEZA

Regra de Alerta:
Nós falamos corajosamente.

Bem-vindos à reunião da equipe extraordinária de assuntos importantes. Este não é o momento nem o local para fazer um desfile sobre como a equipe está se saindo. Há momentos para isso também, mas não agora, não aqui", diz Bill Connors, presidente da Xfinity, subsidiária da Comcast Cable, a maior operadora de banda larga e TV paga dos Estados Unidos. "Todo mundo está lavando a roupa suja. Todos estão falando sobre os problemas de todos, e o foco de cada um está em como consertar esses problemas operacionais." Se uma pessoa de fora entrasse na reunião em andamento e ouvisse a discussão, com a franqueza e a colaboração, seria difícil saber quem realmente era o responsável por um determinado problema. Se eles tivessem uma semana de interrupções críticas nas operações, o diretor de marketing provavelmente ofereceria conselhos e faria recomendações que contribuíssem para a solução a partir de sua perspectiva, com o espírito de ajudar o colaborador. Se houve uma queda na demanda, o diretor financeiro pode estar entre as vozes mais fortes que oferecem insight e suporte. Se houver rombos multimilionários nas contas a serem preenchidos, espera-se que o diretor de experiências digitais tenha ideias, pois se trata de um esforço coletivo para encontrar a solução certa. Eles certamente não ficarão em suas raias de atuação e permitirão que um colaborador fracasse. Se fizermos parte da equipe de liderança, todos têm o papel de estar imersos nos resultados totais do negócio, pois é responsabilidade da equipe apontar toda e qualquer falha no desempenho e ter ideias que contribuam para o sucesso e a inovação do negócio, onde quer que sejam necessárias. Em equipes de classe mundial, até 30% da nossa atenção está voltada para as necessidades da empresa como um todo, e não apenas para a nossa própria divisão.

Descreveremos detalhadamente a prática das reuniões da equipe extraordinária de assuntos importantes neste capítulo, mas elas têm sido uma característica da semana de trabalho de Connors na Comcast há mais de quatro décadas. Essas reuniões são uma assinatura de sua abordagem de trabalho em equipe, que fez com que sua trajetória profissional subisse da operação de banda larga da empresa em Cingapura para a liderança como executivo sênior de todas as divisões leste, centro-oeste e central dos Estados Unidos, até a direção de uma empresa com mais de 52 milhões de clientes e uma receita de US$60 bilhões. Durante seus onze anos como presidente da divisão central, ele levou essas regiões geográficas historicamente desafiadoras, no que se refere à participação de mercado e ao desempenho financeiro, de um desempenho abaixo do esperado para um desempenho acima de todas as outras unidades de negócios, tornando-se o motor de crescimento da participação de mercado da empresa e o maior contribuinte individual do indicador EBITDA (Earnings Before Interest, Taxes, Depreciation and Amortization ou lucro antes de juros, impostos, depreciação e amortização) entre todas as unidades de negócios da família de ativos Comcast/NBCUniversal. A reunião da equipe extraordinária de assuntos importantes é a maneira que Connors encontrou para criar uma cultura de franqueza — franqueza sobre questões que geram resultados. As pessoas costumam dizer que se deve *elogiar em público, mas contestar em particular.* Bem, isso faz com que se perca a oportunidade de ter o desafio triangulado com as percepções de outras pessoas. Se eu achar que alguma iniciativa tem um risco indevido, mas decidir deixar meu feedback oculto para entregá-lo mais tarde em particular, estarei perdendo a oportunidade de dar minha opinião publicamente e fazer com que ela seja debatida por outros membros do time, para que meus insights ganhem força ou sejam refutados pela maior sabedoria da equipe. Essa velha crença de elogiar em público, mas contestar em particular, é para uma equipe de indivíduos sensíveis, talvez defensivos, que não concordaram em aproveitar a equipe para aprimorar e testar as ideias uns dos outros. "A reunião da equipe extraordinária de assuntos importantes não é fácil quando é apresentada pela primeira vez a uma equipe", diz Connors. "Para muitos, é quase impossível manter-se na agenda porque sempre querem dizer algo como: 'Acabamos de ganhar quatro prêmios pelo nosso último projeto'. Isso é realmente fantástico, mas não por enquanto. Então, quando você começa a ver os itens atípicos começarem a sair da lista; quando você começa a obter melhores resultados — resultados operacionais reais —, a confiança aumenta e há uma maior compreensão do motivo da abordagem rigorosa. *Agora entendo por que estamos fazendo isso.*" Connors descreve a reunião como essencial para a franqueza da equipe sênior, definindo o tom de uma cultura operacional organizacional mais ampla, que esteja disposta a falar corajosamente sobre o que precisa ser consertado e quem precisa fazer os ajustes necessários. "Certamente aplaudimos as metas que estão indo bem e a incrível ética de trabalho e somos gratos por isso", diz Connors. "E, no entanto, continuamos voltando e falando sobre todas as coisas que não estão no ritmo e sobre as coisas que não estão sendo cumpridas. Se você fizer isso, poderá começar a condicionar toda a base de funcionários a se sentir confortável com a franqueza e a estabelecer um novo padrão para equipes de alto desempenho."

ACABANDO COM AS CONVERSAS DE BASTIDORES

As equipes de classe mundial sabem que a luz do sol é o melhor desinfetante. Precisamos despertar para a franqueza e perceber como a prevenção de conflitos é abrasiva para uma equipe. Perdemos inovações arrojadas e expomos a organização a riscos desnecessários quando as oportunidades e ameaças não são articuladas de forma transparente. O antigo contrato social da equipe é não se manifestar por medo de prejudicar algum colega, mas o novo contrato social é não se conter por medo de deixar seu colega se empenhar e fracassar sem o valor de sua opinião. Mas muitas equipes estão presas a esses comportamentos antigos. Apesar do trabalho árduo de minha amiga Kim Malone Scott para livrar as equipes desses comportamentos em seu livro *Radical Candor,* eles ainda são frequentes e precisamos de novas práticas de franqueza.

Nossa pesquisa mostra que 72% dos membros da equipe evitam conflitos. Muitas equipes falam de maneira crítica em conversas privadas discretas. A "reunião que acontece depois da reunião" é uma fonte real de franqueza e transparência, mas ela deve acontecer na própria reunião. O problema pode ir tão longe quanto a conversa desenfreada pelas costas dos outros, que nos foi advertida como uma forma ruim quando estávamos no pátio da escola, mas que ainda está presente em alguns dos mais prestigiados corredores do poder. Os líderes que permitem conversas nos bastidores estão permitindo o que nossa pesquisa mostra ser o comportamento mais desgastante das equipes de alto desempenho e que causa a maior erosão de valor para os acionistas. O espírito de equipe é uma mudança para um contrato social que nos leva a nos preocuparmos o suficiente com o sucesso uns dos outros para que não ocultemos nada da equipe que possa atrapalhar as melhores soluções. Em nosso diagnóstico, a equipe média é de 2,4 em uma escala de 5 pontos em termos de franqueza. Usando práticas de alto retorno para criar segurança psicológica que lhes permita testar abertamente as ideias uns dos outros a serviço da missão, as equipes podem chegar a 4,5 na escala de 5 pontos de franqueza em apenas seis meses.

A FRANQUEZA PROVOCA A TOMADA DE DECISÕES

Uma equipe em que a franqueza de classe mundial é valorizada é a equipe de liderança da iHeartMedia, dirigida pelo chairman e CEO Bob Pittman. Pittman ingressou no Hall da Fama no setor de mídia. Ele foi o cofundador e programador por trás do lançamento da MTV em 1981 e foi pioneiro de redes a cabo como ex-CEO da MTV Networks; foi CEO da AOL Networks quando 50% de todo o tráfego da internet passava pela AOL, que levou a internet ao mercado de massa, tornando-se posteriormente diretor de operações da AOL Time Warner. A iHeart é a empresa de áudio número um nos Estados Unidos, atingindo nove em cada dez americanos todos os meses, seja em sua rede de mais de 860 estações de rádio com transmissão ao vivo, em suas plataformas digitais, incluindo o aplicativo iHeartRadio, ou em seu negócio de podcast em expansão. Assim como Connors, Pittman sempre acreditou que a sinceridade é vital para a tomada de decisões eficazes da equipe. Mas Pittman foi um passo além. Ele transformou a discordância em um dos valores corporativos da iHeart. "Damos as boas-vindas à divergência em toda a equipe e queremos ouvi-la porque ela é essencial", diz Pittman. "A divergência interdisciplinar é sempre sobre as soluções para um desafio real, não é dizer '*Isso é inútil, não gosto disso, não acredito nisso, isso nunca vai funcionar*'. Isso é só reclamação. A discordância adequada é apontar que algo pode não funcionar porque '*eu tenho essa percepção que talvez você não tenha a partir de seu ponto de vista ou de suas experiências, e também tenho essa ideia a considerar*'." As reuniões são o espaço para lutar contra os problemas que precisam ser resolvidos. Quaisquer problemas. "Além disso, não diga nada em meu escritório que não diria na reunião do STRATCOM, que é a nossa reunião principal", diz Pittman. "E não quero uma menção do que você fez. Por favor, não traga isso para essa reunião. Traga exceções, suas dificuldades e pessoas que o estão apoiando. Precisamos nos concentrar no que está melhorando e por quê, no que está piorando e no que podemos fazer. E vamos realmente nos aprofundar nessas questões como uma equipe, onde temos um conjunto mais rico de opiniões a partir de diferentes experiências que podem criar uma solução inovadora." E, sem querer ser muito direto, nada deve ser ouvido a portas fechadas como algo que não possa ser abordado com a equipe, especialmente conflitos entre executivos. "Se você tem algo que não consegue resolver com outra pessoa, exponha isso na reunião", diz Pittman. "Não importa onde você esteja travado, nós podemos destravá-lo." Ele diz que, ao contrário do que a maioria das pessoas pensa, ser aberto e direto é a melhor demonstração de respeito. Essa prática pode não ser confortável ou fácil no início. "Mas mostra que estamos todos comprometidos com a missão compartilhada e uns com os outros. Isso significa que não deixaremos que os outros fracassem — e também significa que temos que compartilhar nossos dados que apontam para preocupação e desafio", diz Pittman.

PRÁTICAS DE TEAMSHIP

Após a conclusão do diagnóstico e o estabelecimento da Regra de Alerta, seis práticas de teamship apoiam a mudança da prevenção de conflitos para a franqueza, incluindo duas práticas que são comportamentos fundamentais de toda equipe de classe mundial: o Poder dos Três e o Teste de Estresse.

1. **O Poder dos Três:** desbloquear a franqueza dividindo as reuniões em grupos menores (normalmente formados por três) para tratar de questões específicas antes de apresentar um relatório.
2. **Teste de Estresse:** uma maneira rápida de verificar o que não está sendo dito e que precisa ser dito em uma reunião.
3. **Pausa para a franqueza:** uma maneira rápida de verificar o que não está sendo dito e que precisa ser dito em uma reunião.
4. **Reuniões extraordinárias:** a comprovada reunião semanal da equipe de Bill Connors para identificar o que precisa ser corrigido.

5. **O Yoda na sala:** quando há uma situação difícil ou volátil, aqui está uma palavra de segurança e um processo para falar verdades difíceis.
6. **Contratação franca:** a criação de uma cultura de franqueza começa no momento em que você contrata talentos e está relacionada com a forma como você se apresenta na entrevista, tanto quanto o candidato.

O diagnóstico da franqueza

ETAPA 1: ***Discussão em equipe sobre franqueza***

Trabalhando com a equipe de Pittman na iHeart, perguntei: "Vamos olhar ao redor da sala. Todos têm a capacidade de desafiar uns aos outros? Se alguém tiver um desafio em relação ao que Trevor está fazendo, podemos compartilhar isso? Podemos discutir e debater confortavelmente em um ambiente aberto? Não estou falando apenas de quando Bob convoca uma reunião especificamente sobre um tópico. Somos proativos em expressar plenamente nossa voz crítica, conforme necessário, quando pode parecer socialmente arriscado fazer isso?" Toda a equipe da iHeart percebeu que tinha espaço para se desenvolver nesse aspecto. Na verdade, quando foram para as salas de reunião após o diagnóstico para discutir o que precisava mudar, um dos executivos reconheceu abertamente que havia participado recentemente de uma conversa nos bastidores que não serviu à equipe e concordou em se comprometer a mudar de comportamento no mês seguinte. A equipe concordou, e o desafio de um mês entre a equipe foi lançado!

ETAPA 2: *Questões diagnósticas*

Todos os membros da equipe dão uma pontuação de 1 a 5 para as seguintes perguntas (1: Discordo totalmente, 2: Discordo, 3: Neutro, 4: Concordo, 5: Concordo totalmente):

- Todos os membros da equipe estão dispostos a contestar diretamente uns aos outros, mesmo quando é arriscado fazê-lo, ou quando o tópico está fora de sua "raia de atuação" ou área de especialização.
- Todos os membros da equipe se responsabilizam ativamente pelos compromissos e resultados uns dos outros.

O diagnóstico deve ser administrado por um membro da equipe que seja visto como cético e confiável, pois a pontuação é privada e não será atribuída a indivíduos. Use uma ferramenta de pesquisa online ou a Avaliação de Diagnóstico disponível em meu site. Nossa pesquisa mostra que as equipes de classe mundial obtêm 4,5 de 5 pontos no diagnóstico de franqueza.

Regra de Alerta e Replays de Alerta

Um mês depois, em nossa próxima reunião transformadora com a equipe de Pittman, usamos a prática de teamship Replay de Alerta para verificar nosso progresso em relação à nossa Regra de Alerta "nós falamos corajosamente" e se o novo contrato social havia sido violado desde nossa reunião anterior. O objetivo era expor as violações e discuti-las. Mais uma vez, outro membro da equipe admitiu ter falado pelas costas de um colega de equipe e se comprometeu a conversar com o colega sobre isso. Discutir abertamente a violação de qualquer um desses novos contratos sociais é um grande passo para que muitas equipes criem um impulso para a mudança e a confiança entre o time.

Refletindo sobre os Replays de Alerta posteriores, Pittman comemorou: "Às vezes, as pessoas que estão em um impasse agora vêm para a reunião do STRATCOM não para obter um julgamento, mas para obter uma exposição mais ampla para maior clareza. A realidade é que as conversas nas sombras ou entre apenas duas partes geralmente têm informações incompletas. Levar a questão para o STRATCOM garante que toda a equipe tenha relevância na criação de valor a partir das interdependências do time". Em retrocesso, a equipe de Pittman entendeu e assumiu a necessidade de um novo contrato social para a franqueza na iHeart. O que deu vida aos seus novos comportamentos de equipe foi a adoção diligente de práticas de alto retorno.

A Regra de Alerta simples para o comportamento do time que pode ser acordada para a franqueza é: "Nós falamos corajosamente". Convocar uma repetição mensal do Alerta à medida que a equipe trabalha com as seguintes práticas de teamship ajudará a verificar se todos estão ou não cumprindo o novo contrato social e adotando as novas práticas de teamship.

Prática de Teamship: O Poder dos Três

Uma das práticas mais poderosas, porém negligenciada, de colaboração em equipe é o Poder dos Três. Ao dividir toda a equipe em grupos menores de três pessoas, mesmo que por apenas cinco a oito minutos, você libera uma enorme segurança psicológica. Nesses pequenos grupos, seja quando as equipes estão reunidas em um escritório ou trabalhando virtualmente, as pessoas têm mais coragem de compartilhar abertamente. Em uma sala de reunião grande, pode ser tão simples quanto virar as cadeiras umas para as outras para discussões em grupos menores. O Capítulo 6 explora a colaboração e a elevação da segurança psicológica com mais profundidade, mas nossos dados mostram que a sinceridade em pequenas salas de reunião é 85% maior do que quando as equipes se reúnem como um único grupo em uma sala principal. Em grupos menores, os indivíduos exercitam autocrítica e eliminam ideias fracas. Então, quando voltarem para a sala de reuniões principal e forem questionados sobre a discussão que acabaram de ter, é improvável que diluam muito o consenso do grupo, com medo de perder a reputação e admitir para os colegas que quebraram o contrato social de franqueza e transparência. Pedir aos grupos de discussão que escrevam suas percepções em um documento compartilhado ajuda a capturar essa franqueza para que todos possam ver. Pittman diz que a crença de que as pessoas querem falar abertamente em reuniões com equipes maiores é um verdadeiro erro. "Eu costumava pensar que teríamos discussões boas e saudáveis em reuniões com quinze pessoas", diz ele. "Depois, quando saíamos da reunião, víamos duas pessoas em um corredor dizendo o que realmente precisava ser dito na sala de onde acabamos de sair, mas elas não tinham tempo ou confiança para isso. Quando usamos pequenos núcleos de conversas, temos uma visão mais completa do que está acontecendo e um debate muito melhor. Se não os usarmos, sei onde a verdade será encontrada, ela estará no corredor após a reunião, e todos nós sofreremos com isso."

Prática de Teamship: Teste de Estresse

A prática de teamship de Teste de Estresse regular é, de fato, o superalimento de uma equipe de alto desempenho. Nosso novo contrato social consiste em adotar uma cultura de desafios, um acordo claro e sem omissões. Um dos maiores problemas da cultura antiga era o "relatório", muito comum, que forçava as equipes a passar horas assistindo àquelas apresentações de vinte páginas que alguém lê, enquanto apenas algumas pessoas comentam. A maioria das pessoas fica em silêncio ou responde a e-mails durante essas apresentações e, se algumas têm um ponto de vista divergente, muitas vezes decidem esperar e defender seu ponto de vista depois, ou talvez nunca expressem seus pensamentos por acharem que estão fora de sua raia de atuação ou que simplesmente não serão considerados. *As equipes dos sonhos não fazem isso.* O Teste de Estresse é um processo central que pode introduzir e elevar radicalmente modos totalmente diferentes de colaboração e trabalho ágil, como veremos no Capítulo 7.

A prática do Teste de Estresse transforma a criação de uma cultura de desafios de classe mundial em uma tarefa clara e precisa, não deixada ao acaso ou à espera da mudança de toda a mentalidade e cultura de um time. Ela funciona da seguinte forma: um membro do time apresenta um projeto de alta prioridade em uma reunião de equipe. Ao contrário de um "relatório" típico, eles se limitam a uma apresentação muito curta, de preferência com apenas um slide, descrevendo em linhas gerais:

- O que se percebe que foi alcançado até o momento?
- Onde eles estão com *dificuldades* (o uso da palavra aqui é importante, pois exige o compartilhamento da vulnerabilidade e um convite ao grupo de apoio por meio de seus conselhos)?
- Quais os planos para a próxima fase do trabalho?

A equipe é instruída a ouvir isso a partir da perspectiva de quem foi atribuído para testar o nível de estresse em que o indivíduo se encontra e para onde ele está indo. É muito importante observar e discutir antes do exercício que isso não é um convite para sequestrar a responsabilidade ou a autoridade da pessoa. Em vez disso, trata-se do compromisso de dar a ela o benefício de um feedback duplo para aumentar as chances de sucesso; de garantir que ela veja os riscos e as oportunidades que você vê e que não falhe; e de dar a ela o conjunto mais rico de informações a serem consideradas.

Em seguida, os membros do time são enviados para salas online (se for uma reunião virtual) ou viram as cadeiras uns para os outros em grupos de três. Pede-se aos pequenos grupos que documentem suas percepções e conselhos e ofereçam feedback sem restrições e críticas construtivas no seguinte formato simples:

1. Quais desafios ou riscos os participantes do grupo de discussão enxergam no que foi apresentado?
2. Que sugestões de inovações ou conselhos eles poderiam oferecer?
3. Que ofertas de apoio ou ajuda eles gostariam de fazer?

Os grupos de três pessoas trabalham coletivamente para dar todas as suas contribuições a fim de garantir o sucesso do colega, sem deixar nada por fazer no tempo alocado, que pode ser definido de acordo com a complexidade do problema em questão, sendo que os problemas simples levam menos tempo. Os grupos contestam qualquer coisa que possa envolver níveis de risco inaceitáveis ou desnecessariamente altos, fazem brainstorming de formas para mitigar esse risco e, é claro, mantêm um respeitoso tom de companheirismo. É essencial colher o feedback das salas online/pequenos grupos em um documento compartilhado dividido em colunas para desafios, inovações e ofertas de apoio. Isso garante que a pessoa responsável pelo projeto tenha uma contribuição clara e bem documentada, abrangendo uma variedade de perspectivas, juntamente com ofertas concretas de apoio. Escrever com um grau suficiente de especificidade é uma arte que a equipe desenvolverá, e algumas, como você verá mais adiante, optam por transferir essa oportunidade de feedback para antes ou depois da reunião, dando a todos, tempo suficiente para considerar todas as contribuições. Essa prática garante que, quando o projeto for concretizado, ele tenha sido submetido a um exame rigoroso e se beneficie de toda a sabedoria do time.

Depois que as equipes compartilharem seus feedbacks, é essencial que o destinatário, em tempo real ou talvez como follow-up em um momento posterior, dê àqueles que contribuíram reação e resposta claras às suas contribuições, oferecendo um resumo do que foi compartilhado com um *Sim, farei isso, um Não, e eis o porquê, ou um Talvez, e precisamos fazer mais algumas pesquisas antes de tomar uma decisão.* Esse Sim/Não/Talvez é um desfecho importante desse exercício e, mais uma vez, garante que haja total transparência e que não exista a percepção de que esse processo está desviando a autoridade.

Prática de Teamship: Pausa para a franqueza

Vamos imaginar que uma equipe executiva esteja discutindo uma mudança na política de trabalho remoto para, possivelmente, insistir que os associados passem mais tempo no escritório. Todos parecem ter concordado que trazer as pessoas de volta é uma ótima ideia.

Tom, o CFO (Chief Financial Officer), diz: "Precisamos ter certeza de que todos estão sendo produtivos com seu tempo e que os prazos estão sendo cumpridos, que não há indolência. É mais fácil fazer isso quando todos estão no escritório".

Tania, a COO (Chief Operating Officer), diz: "Exatamente, Tom. Qual é o sentido de ter todo esse imóvel se ninguém aqui está fazendo uso dele?"

Ninguém se manifesta contra a ideia. Não há discordância aparente.

As pausas para a franqueza são a melhor e mais rápida maneira de descobrir, em tempo real, o que está sendo retido. É o antídoto para um consenso preguiçoso e talvez passivo. Para isso, faça pausas regulares na reunião para perguntar à equipe: *O que não está sendo dito nesta sala que deveria ser dito?* Peça um intervalo para se falar francamente. Instrua os membros do time a se virarem para o colega ao lado e responderem a essa pergunta — ou a irem para uma sala online. Abra um documento compartilhado na nuvem em cada núcleo de conversa para catalogar pensamentos e ideias em tempo real. Em seguida, compartilhe o que foi capturado com todo o grupo quando retornar à sala principal. Se você quiser saber o que não foi dito sobre uma política de retorno ao trabalho presencial — o que uma pausa para a franqueza poderia ter trazido à tona —, continue lendo e encontrará as respostas no Capítulo 6.

Prática de Teamship: Reuniões extraordinárias

As reuniões da equipe extraordinária de assuntos importantes, idealizadas por Bill Connors, são programadas para ocorrer uma hora por semana e têm sempre a mesma pauta para manter a equipe concentrada no que é importante para a empresa. No caso de Connors, a pauta é organizada em torno das prioridades organizacionais da Xfinity, representadas pelo acrônimo CENTER, como em Center Culture (Cultura Central):

- Crescimento do número de clientes.
- EBITDA.
- NPS (Net Promoter Score ou índice de promoção da rede).
- Total de receitas (vendas, investimentos e rendimentos).
- Envolvimento dos funcionários.
- Retorno sobre o capital.

Um de cada vez, cada membro da equipe é solicitado a sinalizar os problemas mais comuns em cada uma dessas áreas e a se preparar para uma discussão franca. Se houver um problema operacional que não será resolvido nesta semana, ele permanecerá na pauta e será discutido até que seja resolvido. "O requisito de velocidade de uma hora ajuda a elevar o diálogo e a eliminar o desperdício de movimento", diz Connors.

Prática de Teamship: O Yoda na sala

Outra prática é inspirada em Yoda, o sábio mestre Jedi dos filmes Star Wars, que representa a sabedoria, a verdade e a visão supremas — todas as respostas de que precisamos em uma única entidade. Acredito que a sabedoria de Yoda está em todas as equipes, mas não em cada um de nós isoladamente. Somente extraindo de cada um o seu ponto de vista é que podemos obter as melhores e mais ousadas respostas. O problema é que a maioria das pessoas não tem coragem de se manifestar. Portanto, você fará de Yoda a "senha" para os negócios. Com o tempo, queremos que cada membro da equipe seja um Yoda em ação. Mas, para começar, você pode indicar alguns Yodas em qualquer reunião ou conversa em grupo, embora isso seja particularmente útil em situações potencialmente difíceis ou voláteis. Ao dar permissão explícita aos Yodas para que levantem a mão e convoquem um "momento Yoda" para tratarem de questões difíceis ou atuem como árbitros entre perspectivas conflitantes, você estará dando segurança para que os outros façam o mesmo. Reservar um tempo para introduzir o conceito de Yoda e selecionar alguns membros do time para a função ajuda muito a diminuir a tensão em conversas desafiadoras, antes que ela prejudique a franqueza e, por fim, os resultados de seus negócios.

Para testar essa prática, peça a um ou mais voluntários que sejam o(s) Yoda(s) da reunião. Ao escolher os Yodas, lembre-se de que eles não precisam ser as pessoas mais experientes da sala. Em vez disso, devem ser pessoas conhecidas por terem bom senso e serem justas.

Se você não tiver certeza se a sua equipe ou as pessoas da reunião estarão dispostas a indicar um Yoda, isso pode indicar falta de franqueza ou segurança no grupo, o que significa que você realmente poderia se beneficiar de ter um.

Em sua próxima reunião, reserve aproximadamente cinco minutos para apresentar o conceito de Yoda. Discuta como ter um Yoda pode beneficiar a dinâmica e os resultados da sua equipe.

Veja como um momento Yoda pode se desenrolar:

É aquele momento em que Suki, Sally ou Julio levantam a mão e dizem: "Momento Yoda", e o líder diz: "Ok, vamos lá".

Suki diz: "Bem, parece que já abordamos esse tópico tantas vezes e nunca chegamos ao ponto. Será que estamos realmente chegando a algum lugar ou talvez estejamos evitando endereçar o verdadeiro problema em questão, que é...".

Ou Sally simplesmente aponta o que geralmente acontece nas reuniões: "Parece que a conversa saiu do tópico e entrou em uma toca de coelho que é tangencial e pode ser melhor tratada off-line? Talvez devêssemos voltar à pauta?"

Ou Julio diz: "Posso estar errado, mas estamos falando sobre a divisão de Pierre, e não temos notícias dele há algum tempo. Pierre, o que você está pensando?"

Você entendeu a ideia. A palavra Yoda dá a cada membro da reunião a responsabilidade pelo sucesso da reunião e por uma maior transparência da discussão. Com muita frequência, assistimos a diálogos fracassados e não achamos que seja nossa função ou responsabilidade denunciá-los. Em uma equipe de coelevação, o trabalho de todos é garantir o sucesso da reunião e, se houver algo que você possa dizer para chegar a um resultado melhor mais rapidamente, então é sua responsabilidade dizê-lo.

Um momento Yoda é um convite para dizer o que precisa ser dito. É um convite aberto para dizer aquilo que você está pensando, mas que normalmente guardaria para si mesmo, ou enviaria uma mensagem direta em um bate-papo, ou compartilharia enquanto caminhava pelo corredor após o término da reunião.

Prática de Teamship: Contratação franca

O investidor, empresário e autor do livro *Princípios*, Ray Dalio, é conhecido por sua crença na honestidade e transparência radicais na empresa de gestão de ativos Bridgewater Associates, que dirigiu por quase cinquenta anos, até 2022, transformando a empresa do apartamento de dois quartos onde morava em 1975 em uma firma de US$120 bilhões. Conversando com Dalio em Davos sobre como colocar seus princípios em prática, ele compartilhou que acredita que é mais fácil fazer isso quando se contrata pessoas experientes e inatamente confortáveis com essa franqueza, já que a maioria das empresas tem muita dificuldade para fazer essa mudança com a população média existente. Dalio diz que você deve "expor suas verrugas" durante as entrevistas e dar aos candidatos uma amostra em primeira mão de sua cultura de sinceridade. Ele defende que os candidatos sejam francos com relação aos desafios que a organização enfrenta. Ele não defende a ideia de vender a vaga, mas sim a honestidade sobre o quão difícil será o trabalho. "Mostre aos seus candidatos a emprego o quadro real, especialmente as coisas ruins. Mostre-lhes também os princípios em ação, inclusive os aspectos mais difíceis. Dessa forma, você testará a disposição deles para suportar os desafios reais", diz Dalio. Quando os líderes chegarem ao último candidato, eles também devem ser francos quanto a quaisquer reservas que tenham sobre as qualificações da pessoa e avaliar a reação do candidato ao feedback. Se você perceber lacunas ou desafios em um possível contratado, aponte-os e peça que ele expresse suas preocupações sobre a função e a empresa. Isso permite que você veja, antes de fazer a contratação, se o candidato se aproximará da franqueza e da transparência em tempo real.

O FEEDBACK É UMA DÁDIVA

O maior desafio da introdução de uma cultura de contestação entre colaboradores é que, com exceção de alguns times esportivos no vestiário durante o intervalo, nunca tivemos a experiência de dar ou receber feedback de forma fluida dos colegas. Desde que éramos crianças, o feedback vinha de figuras de autoridade e esperava-se que fizéssemos algo com ele. Que fizéssemos o que nossos pais, professores, técnicos e chefes nos mandavam. Mas a devolutiva de nossos colegas é diferente. Ele não vem com um contrato de responsabilidade assumida para executar tudo. São apenas dados, e é nossa responsabilidade coletá-los com coragem, analisá-los e depois fazer com eles o que acharmos apropriado. Com o tempo, fica claro que se alguém com autoridade perceber nossa incapacidade de receber essa devolutiva, poderá intervir, mas o feedback é uma dádiva, e o destinatário tem o direito de fazer o que quiser com ele. O segredo do nosso sucesso é sua coleta e análise transparentes e completas. O contrato social de franqueza entre os colaboradores é algo que temos de nos acostumar a dar e receber, e o Teste de Estresse regular é o treinamento ativo que damos uns aos outros para adotar uma nova cultura desafiadora.

A FRANQUEZA COMO UM PASSO EM DIREÇÃO A RELACIONAMENTOS MAIS PROFUNDOS

Entender que a franqueza e o feedback sincero são uma dádiva faz parte da jornada da equipe rumo à coelevação. Eles fazem parte do compromisso de uma equipe de classe mundial de prestar serviços uns aos outros, de se preocuparem uns com os outros para quererem juntos ir mais alto. É um passo em direção a relacionamentos mais profundos e com mais propósito, como veremos no próximo capítulo.

CAPÍTULO 4

MUDANÇA DE RELACIONAMENTOS CASUAIS PARA A CRIAÇÃO DE VÍNCULOS INTENCIONAIS NA EQUIPE

Regra de Alerta:

Nós estamos realmente comprometidos uns com os outros.

Pedro Carrilho e seu parceiro de negócios, Juan Martin, estavam enfrentando um problema clássico de empreendedores. Eles eram inteligentes, focados e tinham uma visão clara de sua startup de tecnologia, a PhoenixDX, uma empresa de soluções low-code sediada em Sydney, Austrália. Sob a liderança próxima deles, a empresa cresceu rapidamente. No entanto, o envolvimento prático dos fundadores só pode levar uma startup até certo ponto; não havia como eles escalarem se a colaboração altamente eficaz que haviam criado no topo não se espalhasse pela empresa. Como cofundadores, eles se preocupavam profundamente um com o outro e conseguiam praticamente completar as frases um do outro. No entanto, quando olhavam para o nível abaixo deles, não viam o mesmo vínculo estreito que havia surgido organicamente entre eles. Em vez disso, eles viram uma empresa crescendo em divisões funcionais e mal-entendidos, com pessoas trabalhando arduamente em sua parte do processo, mas sem se preocupar muito com o que os outros estavam fazendo e com muito pouca confiança entre as equipes. Eles sabiam que precisavam de ajuda. "Também não queríamos uma empresa cheia de Pedritos e Juanitos. Precisávamos de pessoas que desafiassem uns aos outros e até mesmo a nós, como fizemos como fundadores." Carrilho e Martin acreditavam piamente na coelevação; eles só precisavam de uma maneira de começar a dar vida a ela em suas equipes.

Como em qualquer negócio que envolva consultoria em torno de uma solução de design e construção, é preciso que os departamentos de vendas, gerenciamento de projetos e engenharia (nesse caso, os desenvolvedores, que trabalhavam remotamente em diferentes países da região Ásia-Pacífico) trabalhem como uma equipe centrada no cliente. "Mas olhávamos uns para os outros como meros blocos em uma tela", lembrou um dos membros da equipe. "Talvez eu trabalhe com essa pessoa ocasionalmente. Quase não trabalho com esta. *Éramos uma equipe que mal se conhecia, muito menos se importava.*" Devido a esse colapso, Martin e Carrilho estavam trabalhando arduamente, desperdiçando tempo para solucionar falhas no atendimento ao cliente, intervindo em projetos existentes em vez de dedicar seu tempo à estratégia e às iniciativas para expandir os negócios. Precisávamos construir relacionamentos mais profundos onde antes havia apenas fragmentos. A equipe na sequência hierárquica dos fundadores precisava se preocupar o suficiente uns com os outros para não deixar que os colaboradores fracassassem. Eles precisavam investir na criação de empatia e confiança pessoal. O desafio era transformar a PhoenixDX em seis meses.

RELACIONAMENTOS E CONFIANÇA SÃO OS ALICERCES DA TRANSFORMAÇÃO

Apenas 41% dos membros de equipes acreditam que existem relacionamentos zelosos, confiáveis e cooperadores com seus colegas. Cinquenta e oito por cento dos funcionários dizem que confiam mais em estranhos do que em seus próprios colegas de trabalho. A construção de relacionamentos na equipe com base no compromisso e na empatia é fundamental para proporcionar um ambiente de perdão e cuidado suficiente para contestar uns aos outros. Muitas vezes, as equipes têm bolsões de quebra de confiança entre os colaboradores e, se isso não for controlado, pode se transformar em ressentimentos profundos que corroem o valor para o acionista. Ainda assim, com muita frequência, o time fica apático, aparentemente impotente, suportando resultados, comportamento e desempenho ruins. Você conhece algum problema de relacionamento pessoal em sua equipe que esteja prejudicando o desempenho da empresa?

Tradicionalmente, a criação de vínculos acontecia quando alguém caminhava pelo corredor e esbarrava em outra pessoa no cafezinho. Era algo orgânico. É por isso que ouvimos os líderes dizerem que querem que as pessoas voltem para o escritório; eles querem que esse tipo de construção de cultura aconteça. Mas o problema com essa forma tradicional de construção de relacionamentos, que poderíamos chamar de construção de vínculos por acaso, é que ela acontece por acaso. É exatamente o tipo de criação de vínculo acidental do qual precisamos nos afastar. Isso era bom em uma era analógica, mas não é nem de longe eficaz o suficiente para os dias de hoje. Não temos tempo para confiar na casualidade quando equipes globais, que devem realizar tarefas audaciosas rapidamente, são reunidas e reformuladas constantemente, muitas vezes sem histórico de convivência e com plataformas online como a principal forma de engajamento. A criação de vínculos casuais não é mais suficiente. Em vez disso, precisamos de líderes como Drew Houston, CEO do Dropbox, que se dediquem à engenharia da cultura, construindo propositalmente suas culturas e não permitindo que a conexão das equipes seja considerada algo natural. Como veremos no próximo capítulo, Houston levou o Dropbox a uma empresa prioritariamente virtual, de dez unidades físicas para trinta bairros globais, onde, em vez de um escritório, ele tinha pequenos imóveis com espaço de colaboração voltados para conexões pessoais significativas. Quando os funcionários do Dropbox se reúnem em um mesmo lugar, é para aprofundar relacionamentos. Mas nossa pesquisa mostra que líderes como Drew, que se inclinam para projetar os comportamentos de suas equipes, são a exceção. Indicativo disso é que apenas 49% dos membros da equipe respeitam e valorizam a contribuição de seus colegas. Sem um compromisso básico subjacente de respeito profissional, não é de se admirar que vejamos lacunas significativas em quase todas as equipes em comportamentos profissionais de alta integridade, como a franqueza. Os relacionamentos são a base de toda interação produtiva. Por quê? Por causa da confiança.

CONFIANÇA PESSOAL, PROFISSIONAL E ESTRUTURAL

A confiança existe em três tipos diferentes: profissional, estrutural e pessoal. A forma como isso se manifesta mais para mim é em uma interação que presenciei quando era jovem. Meu primeiro emprego, logo que saí da faculdade, foi em uma fábrica em Wilmington, Delaware. Um dia, o líder sindical foi ao escritório para conversar com o novo gerente da fábrica. Ele disse: "Ei, Joe, fiz minha pesquisa e tenho que dizer que você é um bom funcionário. Liguei para várias outras fábricas que você gerenciou e estou feliz por tê-lo aqui. Mas o que precisamos fazer é o seguinte: 'Vamos tomar um drinque'". Reconheci como o líder sindical começou reconhecendo que tem respeito e confiança no novo gerente da fábrica em termos profissionais, com base em sua reputação a partir do bom trabalho realizado. Mas, além dessa confiança profissional, o líder sindical estava reconhecendo que eles precisavam desenvolver um relacionamento pessoal e ser capazes de conversar em particular quando seus representantes não quisessem. Ele quis dizer que precisavam desenvolver confiança pessoal, do tipo em que você pode olhar alguém nos olhos e realmente acreditar nele, conhecer seus valores, saber que ele está sendo honesto, saber que ele tem alta integridade e que se importa. Depois, quando o líder sindical saiu da sala, ele se virou e disse: "A propósito, tudo isso é ótimo, mas é provável que eu ainda torne sua vida um inferno", e deu uma risadinha. Essa última declaração foi sobre confiança estrutural — aceitar que suas funções exigem perspectivas diferentes, já que o trabalho do líder sindical pode, às vezes, estar em desacordo com o do gerente da fábrica. Há muitas falhas estruturais nas organizações: chefe e subordinado, funções que podem ter mais poder do que outras ou, como no caso do líder sindical e do gerente da fábrica, equipes cujas prioridades às vezes podem entrar em conflito. Mas, no final das contas, aquele líder sindical estava muito certo. É o relacionamento pessoal que permite que você supere as divergências e os impedimentos estruturais e crie o tipo de confiança necessária para trabalhar de forma colaborativa. Por exemplo, um chefe de engenharia e um chefe de marketing verão o mundo de forma diferente em termos profissionais. Como resultado, eles terão que trabalhar juntos pessoalmente para encontrar pontos em comum e levar as coisas adiante quando surgirem dificuldades. Algumas pessoas acham que isso só acontece de forma orgânica ou acidental. Esse não é o caso. Durante anos, na Ferrazzi Greenlight, abrimos equipes que estavam desestruturadas, que guardavam velhos ressentimentos e, por meio de um trabalho direcionado, conseguimos fazer com que elas se comprometessem umas com as outras.

A confiança é fundamental para a mudança. Como líderes e como equipes, precisamos aceitar e reconhecer isso. O uso repetido do Teste de Estresse, a prática de teamship que descrevemos no último capítulo, é uma ótima maneira de desenvolver a confiança profissional, pois quanto mais um time for sincero e dedicar tempo para ver o que os outros estão pensando, mais eles crescerão em seu respeito uns pelos outros e deixarão de se desprezar por causa de crenças aparentemente diferentes. Pensamentos como *Bem, claro que sim, porque eles foram treinados de forma diferente e tiveram experiências diferentes* muitas vezes levam a uma quebra de confiança e ao desrespeito, quando deveriam levar à curiosidade. Se, em uma reunião, um amigo disser algo com que você não concorda, você pode dizer: "Ei, o que você está falando?" O respeito é presumido porque vocês são amigos. Mas se, em uma reunião, alguém que você não conhece disser algo com o qual você não concorda, talvez você fique quieto, pensando que a pessoa está equivocada. É o relacionamento pessoal e o novo contrato social que nos permitem ir mais fundo para chegar à verdade. Precisamos construir esse relacionamento e negociar o contrato social.

Em meus livros anteriores *Jamais coma sozinho* e *Liderando sem autoridade*, falei sobre confiança, a importância da generosidade e a ideia de Servir, Compartilhar e Cuidar. Agora quero falar sobre isso no contexto do teamship. Então, vamos começar com o serviço. No Capítulo 2, falamos sobre o compromisso com o serviço (coelevação) como a referência para uma equipe de alto desempenho — o compromisso de elevar os outros, de servir uns aos outros como um time. Meu amigo, o psicólogo organizacional Adam Grant, leu o livro *Jamais coma sozinho* quando era estudante de graduação. Nele, falo sobre como é fundamental, em uma rede, liderar com generosidade, e Adam fez uma pesquisa extraordinária que comprova que, para subir mais alto neste mundo, a maneira mais rápida de acelerar seu próprio sucesso é ser generoso com os outros. Como você pode entender os objetivos de carreira de outra pessoa e ajudá-la a atingi-los; como você pode simplesmente ouvir e estar presente como seu coach? (Falaremos mais sobre isso no Capítulo 10.) O mesmo acontece com as equipes. Os membros da equipe precisam conhecer suas obrigações sociais e saber como *podem servir uns aos outros.*

Também precisamos começar a nos concentrar em compartilhar uns com os outros. O compartilhamento explora a humanidade do outro. Talvez eu não seja exatamente como você, mas se eu me colocar no seu lugar por meio do compartilhamento e de histórias compartilhadas, poderei ter empatia por você e começar a entender sua perspectiva.

O último elemento é o cuidado. O cuidado é uma escolha que as pessoas podem fazer. Quando eu souber que você se importa, ouvirei suas ideias. Quando eu souber que você se importa e que me vê como um indivíduo, não terei problemas em debater sobre colaborações e discordâncias difíceis.

É muito importante que nosso time saiba que precisa produzir um grau mais alto de compromisso relacional entre si para que tudo funcione — *e eles são responsáveis por isso*. Se todos disserem que vão se preocupar mais uns com os outros, isso significa que também vão se preocupar mais em fazer perguntas e ser curiosos.

PRÁTICAS DE TEAMSHIP

Depois de concluir o diagnóstico e estabelecer a Regra de Alerta, três práticas de teamship apoiam a mudança de relacionamentos casuais para a formação de vínculos intencionais, incluindo uma das práticas mais poderosas que treinamos equipes em todo o mundo, o Check-in Pessoal e Profissional.

1. **Agridoce:** uma verificação de cinco minutos no início das reuniões para pedir aos colaboradores que compartilhem algo que está indo bem e algo que é mais desafiador em suas vidas no momento.
2. **Check-in Pessoal e Profissional:** esse check-in mais profundo pode criar vínculos instantâneos entre estranhos, mas, para as equipes, geralmente é o ponto de partida para criar confiança entre os colegas.
3. **Jantar de Intimidade:** um jantar que ocorre uma vez a cada trimestre e é construído em torno de contar histórias — as histórias que nos tornaram quem somos hoje.

O diagnóstico do relacionamento

ETAPA 1: ***Discussão em equipe sobre nossos relacionamentos***

Como fiz com a equipe da iHeart no capítulo anterior, alguém da equipe que se acredita ser confiável e relativamente imparcial deve facilitar esse exercício de diagnóstico, que, a cada vez, abre a discussão sobre seus relacionamentos. O ideal é que o time tenha lido este capítulo e venha preparado para discutir os exemplos relativos aos nossos comportamentos atuais e ao contrato social relativo aos nossos relacionamentos. Temos o tipo de relacionamento de serviço, compartilhamento e cuidado que encontramos em equipes de coelevação de classe mundial? Nossos vinte anos de dados de diagnóstico mostram que a pontuação média de relacionamento das equipes é de 2,8 em uma escala de 5 pontos. Esse número caiu para 2,3 durante a pandemia, a menos que as equipes tenham investido em vínculos intencionais. As equipes de classe mundial têm uma pontuação de 4,7. Mas por que as pontuações das equipes são tão baixas quando se trata de respeitar e valorizar uns aos outros ou de estabelecer relacionamentos de serviço comprometidos? A maioria dos relacionamentos de equipe é construída com base na casualidade e não na intencionalidade. Foi isso que descobrimos quando realizamos nosso exercício de diagnóstico na PhoenixDX. As equipes multifuncionais obtiveram uma pontuação de 2,4 na escala de 5 pontos para relacionamentos. Elas precisavam adotar práticas de teamship.

ETAPA 2: ***Questões diagnósticas***

Todos os membros do time dão uma pontuação de 1 a 5 para as seguintes perguntas (1: Discordo totalmente, 2: Discordo, 3: Neutro, 4: Concordo, 5: Concordo totalmente):

- Todos os membros do time respeitam e valorizam a contribuição de todos os outros colegas.
- Todos os membros do time estabeleceram relacionamentos de cuidado, confiança e serviço com todos os outros membros da equipe.
- Todos os membros do time aprofundam e melhoram de maneira proativa seus relacionamentos com a rede de pessoas essenciais para o nosso sucesso, transformando os associados importantes para a equipe em verdadeiros defensores.

O diagnóstico deve ser administrado por um membro da equipe que seja visto como cético e confiável, pois a pontuação é privada e não será atribuída a indivíduos. Use uma ferramenta de pesquisa on-line ou a Avaliação de Diagnóstico disponível em meu site.

Regra de Alerta e Replays de Alerta

A Regra de Alerta para relacionamentos com propósito é: "Estamos realmente comprometidos uns com os outros". Convocar um Replay de Alerta sobre essa mudança específica dentro de um mês após a implementação de práticas de teamship abaixo e, depois disso, regularmente, é uma oportunidade de criar um espaço para conversar sobre onde as coisas podem ter saído dos trilhos, para verificar se nossos novos compromissos comportamentais estão sendo observados e se as práticas de teamship estão sendo implementadas.

Prática de Teamship: Agridoce

A empatia é o que constrói relacionamentos. Ela é a porta de entrada. E qual é a chave para abrir essa porta de entrada da empatia? Compartilhar com vulnerabilidade. Portanto, não se trata mais de Dwane das vendas e Sasha do marketing. Agora são pessoas que se alegram, comemoram, enfrentam lutas, desafios, medos e todas as coisas que nos tornam humanos. Temos que projetar essa vulnerabilidade de forma prática e muito deliberada. Reserve cinco minutos no início de uma reunião e faça algo que chamo de Agridoce. Todos se reúnem e, de forma muito simples, compartilham o que está acontecendo de mais doce em suas vidas no momento e o que tem sido mais desafiador recentemente. Algo doce pode ser o fato de seu filho estar indo muito bem no futebol ou de seu projeto ter sido finalmente lançado para o novo sistema de RH depois de muitos meses. Algo azedo pode ser que sua mãe esteja passando por dificuldades no momento e você esteja preocupado com ela, pois ela está sozinha em Pittsburgh. Ou você está tão frustrado que os atrasos no orçamento estão atrasando seu projeto de geração de leads do segundo trimestre e podem comprometer os resultados.

O que acontece com a prática agridoce é que, como você começa com o que é doce, tende a ser mais fácil para uma equipe que se sente menos à vontade com a vulnerabilidade. O azedo geralmente não é tão azedo depois que você compartilha o doce; as pessoas tendem a compartilhar algo um pouco menos profundo. E isso é bom para esse momento e ambiente. Normalmente, damos cerca de um minuto para cada pessoa falar, portanto, pode ser algo bem curto.

Prática de Teamship: Check-in Pessoal e Profissional

O Check-in Pessoal e Profissional (CPP) é uma das práticas mais poderosas que treinamos equipes em todo o mundo para realizar. Eu o utilizo até mesmo como base de jantares profissionais com executivos que aproximam instantaneamente um grupo de estranhos. Enquanto a prática agridoce dura um minuto por pessoa, o CPP pode durar alguns minutos por pessoa ou mais, dependendo da preferência e do ambiente (por exemplo, durante um jantar de equipe ou em uma reunião semanal).

Fazer um CPP é simples. Pergunte: "O que de fato está acontecendo com você? Quais dificuldades você está enfrentando nos âmbitos pessoal e profissional?" Como essas duas perguntas têm o objetivo de revelar as dificuldades, elas podem e geralmente provocam respostas mais profundas. A chave, é claro, é quem abre o exercício. Se for o líder, certifique-se de ter praticado e de estar abrindo um caminho para que o grupo compartilhe seu lado mais autêntico e vulnerável. Talvez sejam seus pais idosos. Ou pode ser uma preocupação com problemas de saúde de alguém próximo ou com filhos que estejam passando por dificuldades. Eu sempre compartilhei sobre meus filhos adotivos. O mais novo veio para minha casa aos 12 anos. Antes de chegar à nossa casa, ele havia passado por mais de uma dúzia de outras. Sua vida era difícil, e certos hábitos estavam profundamente arraigados. E, ao longo do caminho, passamos por momentos realmente tumultuados — fazendo com que ele percebesse que estávamos lá para ele como família enquanto ele estava com medo e não querendo abraçar o que só o machucou no passado. Há tantas coisas que podemos compartilhar uns com os outros em um CPP. O importante é que a pessoa que o fizer primeiro modele a profundidade adequada. Se você acha que não tem a capacidade de compartilhar de forma aberta e vulnerável, peça a alguém da equipe que tenha para fazer primeiro.

Já vimos essa prática ser o ponto de partida para transformar a confiança do time. Havia um homem chamado Joseph, chefe de captação de recursos de uma ONG importante que estávamos treinando, que era um tanto metido a sabichão, de modo que muitos na equipe não o apreciavam e alguns desconfiavam dele. Ele fazia suas coisas à sua maneira, mas obtinha resultados. Durante um CPP, ele falou de forma muito vulnerável e aberta sobre alguns problemas de saúde que sua esposa estava enfrentando. Suas reflexões foram sinceras e muito diretas. A equipe espelhou seu sentimento e isso mudou a perspectiva dos colegas, que passaram a perdoar mais rapidamente seu estilo peculiar. Na verdade, o diretor de marketing, que estava particularmente ressentido com Joseph, acabou não apenas aprofundando seu relacionamento com ele do ponto de vista profissional, mas também ajudando seu colega a ser apresentado a alguns profissionais da área médica que foram fundamentais para a recuperação de sua esposa.

Prática de Teamship: Jantar de Intimidade

"Que experiência do seu passado contribuiu mais para quem você é hoje?"

Essa pergunta, compartilhada de maneira mais aberta entre uma equipe, convida à exposição de momentos decisivos de nossas vidas e, mais uma vez, se você estiver conduzindo o exercício, por favor, comece com algo vulnerável. Em algumas salas, conto a história que compartilhei em meus livros, crescendo como uma criança pobre, com um pai siderúrgico desempregado e uma mãe faxineira, mas estudando em escolas ricas porque meu pai havia convencido o diretor a nos conceder uma bolsa de estudos integral. É uma história sobre meu sentimento de constrangimento e, embora isso tenha me motivado, como foi difícil para o meu relacionamento com meus pais, pois estávamos todos despreparados para lidar com emoções difíceis e vergonha. Com outras equipes, eu poderia ir um pouco mais fundo e falar sobre ter crescido como um cristão (ainda sou), perceber que era gay e lidar com a vergonha de esconder isso da minha família e da comunidade por medo de rejeição. Como essa experiência me fez sentir e, mais uma vez, como isso me levou a trabalhar sempre mais e a procurar lugares onde eu me sentisse pertencido.

O jantar de intimidade é exatamente o que parece. Uma vez por trimestre, convide a equipe para uma refeição e, durante o jantar, conheçam uns aos outros mais profundamente por meio do compartilhamento de suas histórias. Funciona como um rodízio. Peça que os primeiros sejam voluntários para garantir que os que estiverem prontos comecem e, a partir daí, o time vá se alternando. Você só precisa de uma pergunta por jantar. Aqui estão algumas perguntas que funcionam bem:

1. Que experiência de seu passado contribuiu mais para quem você é hoje?
2. O que você pode fazer para se libertar e abrir espaço para ir mais longe?
3. Qual foi o maior erro que você cometeu — no âmbito pessoal ou profissional — e a lição que aprendeu com ele?
4. Há algo a que você ainda esteja se apegando e que precise abandonar?
5. Há alguém em sua vida com quem gostaria de se redimir?
6. Qual foi a lição mais difícil que você aprendeu?
7. O que você teme não conseguir realizar durante sua vida?
8. O que você quer que os membros do time entendam sobre você que talvez eles não saibam?
9. Que legado você gostaria de deixar no âmbito pessoal ou profissional?

Dicas para um ótimo jantar: providencie uma sala privativa perfeitamente silenciosa. Certifique-se de que todos possam ver e ouvir uns aos outros à mesa. Opte por um ambiente que crie um espaço físico e emocional mais próximo. Não deixe que as cadeiras fiquem muito distantes umas das outras. Opte por cadeiras sem braços e mesas sem objetos grandes postos que impeçam que vocês se vejam facilmente. Você quer que esse momento seja muito íntimo. Converse com a equipe de garçons e peça que entrem raramente e, quando entrarem, diga aos que estão compartilhando que podem parar e esperar até que a equipe de garçons saia. Não tenha medo se as pessoas derramarem lágrimas ou se você chorar.

Os jantares de intimidade são um momento para o envolvimento real dos colegas e para uma compreensão profunda, não apenas dos acontecimentos recentes, mas também das experiências que nos trouxeram até aqui e que nos levam para onde estamos indo.

A FÊNIX TRANSFORMADA

Em seis meses, a PhoenixDX se transformou. No setor de desenvolvimento de software, é comum que engenheiros e profissionais técnicos se sintam confortáveis atrás de um computador. Mas o uso consistente de práticas de teamship como o Agridoce e o Check-in Personal e Profissional ajudou a equipe a perceber que havia um grupo de pessoas na sala, não um grupo de cargos. Isso fez uma grande diferença na forma como eles se viam e colaboravam. Se a avaliação diagnóstica indicava 2,4 no início da jornada de treinamento, agora ela indicava 4,7 de 5 para a união da equipe. "Há uma energia incrível, um senso realmente sólido de conexão e lealdade dentro da equipe", diz Carrilho. "Há um coletivismo na PhoenixDX de que estamos juntos nisso; um senso do valor da propriedade compartilhada é vivenciado e alcançado por meio da implementação em reuniões e equipes de projeto das práticas de teamship como uma nova maneira de se conectar e trabalhar." As equipes de entrega e de desenvolvimento de software agora apreciam o desafio de assumir juntos projetos de clientes que representam uma missão crítica, enxergando cada novo projeto como um desafio positivo para seu desenvolvimento profissional. (Aprenderemos mais sobre o desenvolvimento ponto a ponto no Capítulo 10.) "Há uma mentalidade de crescimento no lado da consultoria e da entrega porque temos de nos adaptar a muitos setores, muitas verticalizações, muitos estilos de pensamento diferentes do ponto de vista do cliente e níveis de maturidade do cliente com a tecnologia", diz Carrilho. "Você constrói e encontra maneiras diferentes de trabalhar com todos eles. Alinhar a entrega com diferentes clientes exige flexibilidade, o que é muito importante para nós." E a franqueza? A união da equipe permitiu conversas muito mais francas que não teriam tido de outra forma. Os desenvolvedores perceberam que a honestidade é fundamental para garantir o sucesso do negócio — não se trata de pisar nos calos, mas apenas de falar a verdade para que a equipe possa dar o melhor de si.

Após a adoção intencional das práticas de formação de equipes, o rápido crescimento da PhoenixDX continua. Mas a empresa também está classificada como um dos "Great Places to Work" da Austrália e registra uma taxa anual de rotatividade de pessoal de 4% (em comparação com a média de 20% a 25% do setor, onde a concorrência na retenção de talentos é acirrada). Os fundadores Carrilho e Martin descrevem a cultura da empresa como "missionários, não mercenários", tendo a confiança como um valor fundamental. Carrilho diz: "Confiamos em nosso pessoal para fazer a coisa certa — nós os apoiamos e eles nos apoiam". É a coelevação em ação e está enraizada na união proposital do time.

CONSTRUINDO UMA EQUIPE A PARTIR DE UMA CRISE

Grande parte deste livro trata de desafios ambiciosos — de enfrentar o desafio da transformação e do crescimento. Mas há momentos em que as organizações enfrentam crises terríveis em suas consequências humanas e que colocam questões fundamentais sobre o trabalho em equipe. Um exemplo é a Pacific Gas & Electric (PG&E). Como reconstruir uma equipe depois de uma falha organizacional catastrófica que levou à devastação absoluta de uma comunidade e à morte de oitenta e cinco pessoas no incêndio "Camp Fire", que tomou conta da cidade de Paradise, no norte da Califórnia. O incêndio foi causado por uma linha de transmissão de alta tensão da PG&E que se soltou de uma torre de quase 100 anos de idade em uma área florestal. A empresa se declarou culpada de oitenta e quatro acusações criminais de homicídio involuntário e chegou a um acordo de US$13,5 bilhões com vítimas e famílias, agências estaduais/municipais e companhias de seguros, e declarou falência em 2019 (saindo de tal status no ano seguinte). Patti Poppe, experiente líder do setor de energia, foi contratada como nova CEO em 2021, com uma ousada promessa de segurança pública de enterrar 16 mil quilômetros de linhas de energia para reduzir o risco futuro de incêndios florestais. Mas Poppe também trouxe um ethos interno ousado: "liderar com amor" — colocar a humanidade, a empatia e os relacionamentos no centro da cultura operacional da PG&E. Em sua primeira semana, a nova equipe de liderança se reuniu pela primeira vez no Claremont Hotel, em Oakland. Eles participaram de um exercício em que cada um faz um gráfico de sua vida como um rio, mapeando nele os principais eventos da vida. "Todos se levantaram e abriram seus corações uns para os outros porque estávamos nos conhecendo", diz Poppe. "Estávamos prestes a assumir esse enorme desafio de transformar essa empresa devastada em algo incrível. Houve lágrimas quando as pessoas contaram suas histórias, e nós nos sentimos imediatamente dentro dos corações uns dos outros." Apenas três membros da equipe estavam na PG&E durante a tragédia de Camp Fire. "Eles contaram suas histórias. Eles tinham que nos ajudar a entender o que a organização havia passado. E cada um deles contou suas histórias, como quando estiveram em Paradise e ouviram as gravações do serviço de emergência, e por que ainda estavam na empresa, pois estavam comprometidos a ficar para consertar as coisas internamente."

Começar com esse investimento em união ajudou a incentivar a equipe para a tarefa que tinha pela frente e criou uma base de empatia entre os colegas. Mas não se tratou de um exercício único. O compromisso com os relacionamentos do time e com a "liderança com amor" foi operacionalizado na PG&E por meio da medição regular da "afinidade da equipe". Poppe diz: "Sabemos que a afinidade, ou o cuidado uns com os outros, é essencial para a obtenção de resultados extraordinários. Ela cria um ambiente no qual as pessoas se sentem amadas, cuidadas e seguras para atuar, tentar, falhar, vencer e ter sucesso juntas. Parte da construção de afinidade é entender que o ser humano como um todo e as coisas que acontecem fora do trabalho realmente importam". A equipe de liderança de Poppe passa duas quintas-feiras por mês em reuniões dedicadas à afinidade e aos relacionamentos. "É quando podemos nos aprofundar mais", diz Poppe. "Formar esses laços e dar espaço para as pessoas falarem sobre o que está acontecendo em suas vidas. Onde elas precisam de nós? Como estão se saindo? O que elas conquistaram?"

DO VÍNCULO PROPOSITAL À CONSTRUÇÃO DE RESULTADOS

Desde que a nova equipe foi formada, o investimento da PG&E em tecnologias e ferramentas para reduzir o risco de incêndios ultrapassou US$23 bilhões. Isso inclui câmeras e drones com tecnologia de IA para monitorar equipamentos e novos sistemas de monitoramento de riscos. Em 2023, seiscentos quilômetros de cabos foram instalados no subsolo. Para Poppe, essa é uma história de como uma organização pode passar da devastação para a revitalização. O futuro pode ser algo diferente do passado. Poppe diz: "De fato, trata-se de desenvolver uma fé e uma equipe de pessoas para acreditar que não precisamos ser o que éramos, que podemos ser totalmente diferentes". Esta é uma história de união com propósito, mas também nos convida a considerar o assunto do nosso próximo capítulo, a resiliência da equipe.

CAPÍTULO 5

MUDANÇA DA RESILIÊNCIA INDIVIDUAL PARA A RESILIÊNCIA DA EQUIPE

Regra de Alerta:
Nós animamos uns aos outros.

Existe um "molho mágico" para a resiliência da equipe, diz Fran Katsoudas, vice-presidente executiva e diretora de pessoas, políticas e propósito da Cisco. É a compreensão compartilhada dos altos e baixos de todos — a mudança de uma resiliência que é seu próprio fardo para algo coletivo. Quando conversei com Katsoudas e com Chuck Robbins (CEO da Cisco), perguntei como a Cisco construía a resiliência da equipe, e eles descreveram uma série de maneiras muito objetivas de trabalhar em conjunto. Para a equipe da Cisco, isso começa com o apelo a uma maior conscientização dentro da equipe e com a orientação dos membros para que leiam os sinais de alerta óbvios de que um colaborador está com dificuldades: alguém que está sempre desligando a câmera nas chamadas ou um declínio acentuado nas contribuições para a discussão. Em seguida, há práticas formais que aumentam a preocupação com o bem-estar uns dos outros como um hábito contínuo da equipe (exploraremos isso nas práticas de teamship deste capítulo). Mas tudo o que Katsoudas e Robbins descreveram tem um tema comum: a resiliência tem a ver com a capacidade da equipe de manter a energia que todos nós temos para o trabalho e o compromisso de apoiar o bem-estar mental e emocional uns dos outros. Para chegar lá, a equipe precisa passar da crença tradicional de "Eu sei que todos já têm seus problemas e não quero incomodá-los com meu estresse" para a crença de coelevação de "Nos apoiamos e nos sustentamos mutuamente em tempos desafiadores".

COMO UMA EQUIPE DE VENDAS DA PHARMACO ABALADA SE ANIMOU MUTUAMENTE

Depois que a poeira da reestruturação baixou, essa equipe de vendas de mais de 100 pessoas, antes vencedora e orgulhosa, ficou reduzida a pouco mais de uma dúzia de colaboradores. O restante foi instruído a assumir territórios de vendas muito maiores, que se estendiam por vários estados, e a mudar para um modelo de construção de relacionamento remoto, em vez de um modelo de contato pessoal de alto nível, que eles haviam desenvolvido ao longo dos anos e que os tornava bem-sucedidos e diferenciados com os clientes. "Nós nos sentimos abandonados. Era como se a empresa" — vamos chamá-la de PharmaCo — "não estivesse mais investindo no sucesso da organização de vendas", disse Mali, um colaborador que se considerava uma estrela apenas um ano antes. “Foi uma grande mudança.” O estresse estava em alta, em parte porque tudo parecia ser dez vezes mais difícil do que o necessário. O mais difícil de tudo? Gerenciar as expectativas dos clientes existentes que estavam acostumados a um toque mais pessoal. Pela primeira vez que qualquer membro da equipe de vendas se lembrava, eles não conseguiriam atingir o crescimento de vendas esperado de 5%.

“A abordagem da gerência anterior era do tipo: 'Ok, vocês já expuseram suas queixas, agora podemos seguir em frente e atingir as metas de vendas?'”, diz Zara, que foi contratada para liderar a divisão recém-formada. “Eu sabia que não havia como essa equipe voltar a funcionar até que os ouvíssemos e os problemas fossem sanados, em seguida, construíssemos uma nova cultura coletiva vencedora. Uma cultura que fizesse com que cada um deles sentisse que estava protegendo o outro.” Zara criou fóruns entre colegas para que a equipe abordasse os problemas práticos que todos estavam enfrentando. “Isso não só fez com que eles se sentissem ouvidos de forma produtiva, como também pudemos finalmente começar a registrar vitórias que elevaram nosso ânimo”, diz Zara. Seu objetivo era formar uma equipe autossuficiente que pudesse mudar de uma espiral negativa para um grupo responsável pela trajetória positiva de cada um. No início, a função de Zara em cada reunião era apenas incentivar a equipe a buscar soluções para seus problemas e a manter-se construtiva e focada no futuro. Logo a equipe de representantes de vendas assumiu a responsabilidade pela agenda. Eles determinaram os problemas práticos com os quais precisavam de auxílio — técnicos, logísticos e o desenvolvimento de treinamentos relacionais para ajudar a gerenciar remotamente novos clientes — e criaram uma agenda de workshops de solução de problemas. Com um pouco de esforço no início por parte de Zara, a equipe se uniu pessoalmente, usando as práticas de formação de teamship descritas no capítulo anterior e declarações explícitas de Zara, como: “Sabe, se nos apoiarmos e cuidarmos uns dos outros, essa reviravolta poderá ser não apenas bem-sucedida, mas também mais alegre". E foi exatamente isso que a equipe decidiu fazer. Um membro me contou: "Houve casos iniciais em que colaboradores entraram em licença médica e, apesar da sobrecarga de todos, outros intervieram para cobrir o território por eles, o que foi empolgante para mostrar como todos nós podíamos ajudar uns aos outros. Tivemos dificuldades para desempenhar nossas novas funções ampliadas, mas nos esforçamos para animar uns aos outros. Tivemos membros da equipe com filhos doentes que precisaram de uma folga, e a equipe interveio. Encontramos maneiras de fazer ainda mais com muito menos, e isso nos deu energia para nos comportarmos dessa maneira". O que costumava ser um apoio presencial no escritório se transformou em telefonemas diários, chamadas de vídeo e mensagens de texto, mas a equipe garantiu que ninguém lutasse sozinho. Eles atingiram sua meta de vendas de 5%? Eles a superaram: 10%.

ENTENDENDO A RESILIÊNCIA DA EQUIPE

O compromisso com a resiliência da equipe é uma característica rara do comportamento de qualquer equipe. Antes da pandemia do coronavírus, nossos dados sugeriam que apenas 14% dos colaboradores sentiam que tinham a responsabilidade coletiva de elevar a energia uns dos outros e a responsabilidade pelo bem-estar mental de cada um. E a maioria das equipes ainda trata a resiliência como uma responsabilidade individual. O estresse relacionado ao trabalho afeta negativamente a saúde mental de mais de 65% dos trabalhadores, de acordo com a BetterUp, enquanto a pressão relacionada ao trabalho afeta negativamente outros 60%. Com muita frequência, esses problemas têm sido descartados como indicativos de falta de resistência necessária. Há várias pistas óbvias de diagnóstico para os líderes identificarem os fatores de estresse na resiliência da equipe. Por exemplo, o desempenho: Os KPIs (Key Performance Indicators) ou OKRs (Objective and Key Results) estão sendo atingidos? Existem poucos diagnósticos melhores para saber se algo está dando errado. E a desenvoltura: O time está cocriando soluções ou perdendo tempo na busca para superar os problemas? Mas a pandemia forçou os líderes a reconsiderarem a centralidade da saúde mental para a produtividade e outros resultados comerciais positivos. E mesmo depois que a crise de saúde física passou, as lições sobre a importância do bem-estar mental continuam. Sabemos agora, por exemplo, que cada dólar que os empregadores gastam no apoio à saúde mental traz um retorno de 4 dólares — maior produtividade e menor ausência. Todos tivemos vislumbres durante a pandemia de como pode ser quando os colaboradores e os líderes compartilham abertamente sobre as dificuldades e a saúde mental. Nossa pesquisa mostra que esse é um ótimo exemplo de como não devemos voltar às antigas mentalidades de trabalho. Em vez disso, precisamos aproveitar a humanidade coletiva que surgiu naquele momento — mesmo quando todos estavam trabalhando de maneira remota — e seguir em frente no trabalho com um compromisso novo, propositalmente projetado e mais substancial com mais transparência, menos vergonha e cuidado mútuo. As equipes de classe mundial veem a resiliência ser mantida, enquanto as empresas comuns lutam com políticas de trabalho flexíveis e desconfiança crescente. Precisamos reconhecer a resiliência como uma disciplina de equipe e incentivá-la. E é função da equipe descobrir isso antes que se torne crônico. É função da equipe animar uns aos outros.

PRÁTICAS DE TEAMSHIP

Depois de concluir o diagnóstico e estabelecer a Regra de Alerta, duas práticas de teamship apoiam a mudança da resiliência individual para a resiliência da equipe:

1. **Verificação de energia:** uma verificação de rotina no início das reuniões da equipe para perguntar aos membros da equipe como eles estão se sentindo — classificando em número.
2. **Verificação pontual de resiliência:** um mergulho mensal mais profundo em como a equipe como um todo está se sentindo, analisando os tópicos que, segundo pesquisas, prejudicam a resiliência.

O diagnóstico de resiliência da equipe

ETAPA 1: ***Discussão da equipe sobre resiliência***
Os colaboradores sabem onde os outros estão com dificuldades? E eles sentem o dever que vem com a coelevação de não apenas se importar o suficiente com os outros para descobrir, mas também de ter a responsabilidade de ajudar?

É um simples desafio que consiste em perguntar: *Você sabe, você se importa, você age?* Para a maioria das equipes, a resposta é não; elas acham que não é sua responsabilidade ou talvez acreditem que seja um assunto particular sobre o qual não devem se impor. Nossos dados mostram que a equipe típica tem uma pontuação de 1,9 na escala de 5 pontos, enquanto uma equipe de classe mundial tem uma pontuação de 4,5.

O ponto de partida para a maioria das equipes é a antiga crença de que a resiliência é responsabilidade dos indivíduos e, talvez, do RH. O diagnóstico é o ponto de partida para uma discussão sobre a mudança de abordagem da resiliência em conjunto, como colegas, para a compreensão de que ela pode ser um esporte de equipe.

ETAPA 2: Questão *diagnóstica*

Todos os membros da equipe dão uma pontuação de 1 a 5 para a seguinte pergunta (1: Discordo totalmente, 2: Discordo, 3: Neutro, 4: Concordo, 5: Concordo totalmente):

- Todos os membros da equipe se sentem responsáveis por elevar a energia uns dos outros.

O diagnóstico deve ser administrado por um membro da equipe que seja visto como cético e confiável, pois a pontuação é privada e não será atribuída a indivíduos. Use uma ferramenta de pesquisa online ou a Avaliação de Diagnóstico disponível em meu site.

Regra de Alerta e Replays de Alerta

A Regra de Alerta simples para o comportamento da equipe para a resiliência da equipe é: "Nós animamos uns aos outros". Convocar um Replay de Alerta sobre essa mudança específica dentro de um mês após a implementação das práticas de teamship abaixo e, depois disso, regularmente, é uma oportunidade de criar um espaço para falar sobre onde as coisas podem ter saído dos trilhos, para verificar se nossos novos compromissos comportamentais estão sendo observados e se as práticas de teamship estão sendo implementadas.

Prática de Teamship: Verificação de energia

"Para animar uns aos outros, vocês precisam saber de onde estão partindo", diz Katsoudas. Isso faz parte de uma prática simples, mas eficaz, chamada Verificação de energia. Fazemos esta pergunta às equipes no início de uma reunião: Onde está seu nível de energia hoje, em uma escala de 0 a 5, e por quê? Zero significa "estou péssimo" e cinco significa "não poderia estar melhor". Essa prática cria um espaço formal e regular para que o time compartilhe abertamente e de forma vulnerável o que pode estar enfrentando no âmbito profissional ou pessoal — atribuindo um número a isso. Uma verificação de energia é uma rede de segurança intencional, em vez de deixar o check-in uns com os outros para encontros casuais no corredor ou no refeitório. Com essa rotina, o interesse conjunto pelos outros é um compromisso total da equipe, em vez de depender dos grupos de amizade existentes, que podem ou não ter esse nível natural de compartilhamento. Essa prática intencional de teamship, aliada à consciência de que é nossa responsabilidade ajudar uns aos outros, estabelecida com o novo contrato, garante que toda a equipe desenvolva empatia compartilhada e, assim, possa apoiar uns aos outros, além de assegurar a transparência sobre onde as pessoas estão. Em geral, o grupo leva de cinco a dez minutos para compartilhar de maneira autêntica, oferecendo uma rede de apoio para pegar aqueles que tiveram eventos desafiadores ou até mesmo traumáticos em suas vidas profissionais e pessoais, ou que estão apenas em um ponto de exaustão e precisando aliviar a carga. A combinação do novo contrato social — o acordo da equipe que consiste em proteger uns aos outros — e dessa prática simples mostrará uma mudança real nas pontuações de empatia e relacionamento do time em relação à referência do diagnóstico original. À medida que todos assumem a tarefa de interagir entre si, eles compartilham a propriedade da energia e do bem-estar uns dos outros, em vez de deixar isso sob a responsabilidade do líder.

Há um valor agregado em atribuir um número ao que as pessoas estão sentindo, como explica Katsoudas. Vejamos o exemplo de Tim, um membro da equipe da Cisco. Tim nunca atinge o nível cinco de cinco na escala de energia. Todos os dias ele vive em torno de três de cinco. Parece um sinal de alerta. "Saber que Tim normalmente tem três de cinco cria um espaço para que ele seja autêntico; não há como fingir que ele tem que atingir cinco", diz Katsoudas. "Tenho muitos que dizem que se sentem como cinco. Mas se algum dia Tim sentir ter atingido um quatro, é algo que vamos comemorar." O que Katsoudas prova é que é possível monitorar de forma significativa os níveis de energia da equipe, algo que muitos líderes acham que é muito difícil de medir, quanto mais gerenciar. O registro de um simples check-in semanal de energia proporciona uma compreensão do bem-estar da equipe a partir de um ponto de referência básico. É um indicador de resiliência. E, se essa verificação de energia for compartilhada em um fórum aberto — em uma reunião de equipe — será um estímulo para o apoio entre colaboradores se alguém ficar abaixo da linha de base ou uma sugestão para as práticas de comemoração que encontraremos no Capítulo 8 se, por exemplo, Tim ultrapassar os três pontos.

Prática de Teamship: Verificação do ponto de resiliência

Tenho me inspirado em muitas conversas com a Dra. Gabriella Rosen Kellerman, diretora de inovação da BetterUp e líder do BetterUp Labs, e em sua pesquisa pioneira, que consta no livro que ela escreveu em coautoria com o psicólogo e educador Dr. Martin Seligman, *Tomorrowmind: Thriving at Work with Resilience, Creativity, and Connection — Now and in an Uncertain Future.* Essas conversas alimentaram meu pensamento sobre essa prática de equipe, uma discussão mensal de check-in com a equipe sobre um conjunto de fatores de resiliência para ver onde estamos agora e como estamos agindo como resultado. A cada mês, fazemos à equipe apenas uma pergunta da lista abaixo. Para cada pergunta, cada colaborador precisa dar uma nota de 0 (baixa) a 5 (alta):

1. "Eu sinto que estou por dentro das novas ideias?" Sempre classifiquei minha própria agilidade cognitiva como alta: minha capacidade de captar novas ideias e estar à frente da curva quando se trata de entender conceitos emergentes. Mas também é um ponto fraco, no sentido de que, em momentos de estresse, nem sempre dedico tempo e trabalho para trazer as pessoas comigo na pressa de fazer as coisas. É uma pergunta de verificação pontual para cada membro da equipe.
2. "Eu sinto que o trabalho que estou fazendo é importante?" A pesquisa mostra que o propósito vai além das declarações de missão; há trabalho e há o sentimento de que você — especificamente você e mais ninguém — é necessário para fazê-lo. E se esse trabalho tiver significado — uma missão que vá além da obtenção de lucros, que ressoe e seja assumida como um movimento de base dentro de sua organização — melhor ainda. Mas você já discutiu isso com a equipe?
3. "Eu sinto que estou à frente do jogo em minha área?" Trata-se da habilidade de previsão e planejamento para o futuro. No ambiente volátil de hoje, se a resposta for não, como a equipe pode ajudar? Em meu último livro, *Competir no novo mundo do trabalho*, propus que o desenvolvimento de uma previsão ativa era uma tarefa da equipe e desenvolvi uma prática simples de teamship para isso.
4. "Eu ainda estou ouvindo a minha equipe?" Como vimos no Capítulo 4, precisamos de conexões fortes para prosperar. Será que ainda estamos ouvindo uns aos outros e as nossas

equipes ou recuamos para o comando e o controle? Essas perguntas, assim como a verificação de energia, são perguntas a serem usadas para triangular os itens que as pesquisas comprovaram que impulsionam ou corroem a resiliência.

Cada uma dessas perguntas deve gerar uma discussão e trazer à tona desafios, problemas e oportunidades para a equipe. A partir dessas discussões, podem ser iniciadas linhas de trabalho que podem criar perguntas de solução colaborativa de problemas — uma prática de teamship que encontraremos no próximo capítulo — e, ao longo do caminho, essas linhas de trabalho podem ser trazidas de volta à equipe para o Teste de Estresse entre a equipe. Mas a ideia é conscientizar o time sobre as falhas no que sabemos ser os fatores que impulsionam e corroem a resiliência, de modo a liderar a equipe com membros que se voluntariam para ajudar a conduzir o trabalho e agir.

OS AMBIENTES DE TRABALHO COMO MOTORES DO BEM-ESTAR

"Temos o poder de transformar os ambientes de trabalho em motores de saúde mental e bem-estar", escreve o cirurgião geral dos EUA, vice-almirante Vivek Murthy, na carta introdutória do documento *Estrutura para saúde mental e bem-estar no local de trabalho*. Mas o Dr. Murthy pede que todos transformemos um "momento de crise em um momento de progresso". Ele diz: "Isso exigirá que as organizações repensem como protegem os trabalhadores contra danos, promovem um senso de conexão entre os trabalhadores, mostram que eles são importantes, abrem espaço para suas vidas fora do trabalho e apoiam seu crescimento profissional a longo prazo".

Nunca nos sentimos tão sozinhos. Tão disfuncionais. Tão cansados. É isso que torna o teamship, as dez ações transformadoras e a reengenharia da maneira como trabalhamos tão importantes e necessários.

CAPÍTULO 6

MUDANÇA PARA ELEVAR A COLABORAÇÃO: COCRIAÇÃO MAIS AMPLA E A ADOÇÃO DE REUNIÕES TRANSFORMADORAS

Regra de Alerta:
Nós cocriamos de forma ampla para inovar com ousadia.

Regra de Alerta:
Nós aproveitamos a tecnologia para elevar nossa colaboração.

Quando Matt Mullenweg abriu seu computador, ele me mostrou um vislumbre do que 15% das empresas mais revolucionárias sabem e aquilo que o restante de nós não tem a menor ideia: uma maneira totalmente diferente de criar colaboração. Há uma série de dinâmicas em jogo. Os tempos voláteis em que vivemos exigem de todos nós ideias mais arrojadas e um pensamento mais amplo. Trabalhamos em redes

— e não em organogramas tradicionais e hierárquicos — que estão nos pressionando a ser mais amplos em nossa colaboração e a pensar além das divisões. Precisamos trabalhar mais rápido e com mais fluidez, ultrapassando fronteiras e fusos horários. E reuniões não são colaboração. Matt Mullenweg não apenas sabe disso; ele organiza seus negócios em torno dessa dinâmica colaborativa. Eu conversei com o cofundador e desenvolvedor do WordPress — o código-fonte aberto usado hoje por 43% da internet — e fundador e CEO da Automattic após nossas sessões de palestrante no Masters of Scale Summit de Reid Hoffman, em São Francisco. Ele me deu uma visão virtual improvisada dos bastidores de como sua equipe cocria e inova. "Chamo isso de blockchain organizacional", disse Mullenweg, referindo-se ao seu sistema de gerenciamento de colaboração e fluxo de trabalho desenvolvido internamente. "Nós o usamos há quatorze anos. *Cada* decisão importante, cada design, cada botão, cada alteração de preço, tudo o que já discutimos e debatemos está aqui e é permanente." Ele me mostrou como sua empresa usa a tecnologia colaborativa, em que as equipes compartilham e criticam ideias de forma transparente e solicitam pensamentos ousados e novas ideias de constituintes de amplo alcance, tudo em um formato convidativo que se parece estranhamente com postagens de blog ou um feed de mídia social, completo com vídeos, imagens, links e até mesmo GIFs. O código que Mullenweg escreveu aos 19 anos de idade mudou a internet e o mundo, portanto, não é de surpreender que ele continue a aproveitar a tecnologia para projetar e transformar suas formas de trabalho. Sua empresa tem 1.900 funcionários trabalhando em mais de 93 países, sem sede física. Como disse Mullenweg: "Somos uma empresa que trabalha na Web e para a Web". Mostrando-me a tecnologia que dá suporte às suas novas formas de trabalho, ele disse: "Sempre que um novo funcionário, em qualquer lugar do mundo, precisa se integrar a qualquer colaboração e entender como chegamos até aqui, temos um link simples para cada debate que tivemos e cada decisão que tomamos. E isso nunca mudará enquanto a empresa existir. É por isso que eu o chamo de blockchain organizacional. É um armazenamento de tudo o que já aconteceu". A contribuição de todos para a colaboração é valorizada. Nada é perdido. Nada é desperdiçado.

Em nossa pesquisa com mais de duas mil equipes durante a pandemia — o maior ponto de inflexão universal do mundo em relação ao local de trabalho (mudança do expediente no escritório para o trabalho remoto da noite para o dia) —, esperávamos encontrar uma inovação maciça em relação à *forma* como trabalhávamos também. Com base em nossos dados, criamos um índice de cinco pontos de equipes de classe mundial com avanço digital, sendo o Nível Um as equipes que lutam para aproveitar os fundamentos digitais e o Nível Cinco as equipes digitais dos sonhos. Ficamos desapontados. Como já mencionamos, apenas 15% das equipes questionaram e reinventaram a forma como estavam trabalhando. A maioria das equipes estava nos Níveis Um e Dois: comemorando a mudança da colaboração baseada em reuniões nos escritórios para reuniões virtuais por vídeo, transferindo todos os maus hábitos das salas de reunião para o trabalho remoto. Mas as equipes digitais de Nível Quatro e Cinco estavam usando as ferramentas disponíveis ao máximo, com funcionalidades que melhoram a colaboração tradicional baseada em reuniões, juntamente com software e formas de trabalho para comunicações mais eficazes e gerenciamento de projetos e conhecimento. Fiquei profundamente inspirado por líderes como Mullenweg, Drew Houston, do Dropbox, e Rachel Romer, da Guild Education, que decidiram usar esse ponto de inflexão para reconsiderar suas formas de trabalho. Mas não era como nos dias em que Mullenweg criou o WordPress e programava códigos em seu quarto. A tecnologia era muito mais avançada e havia muita coisa disponível para que pudéssemos escolher ferramentas para nossos negócios na prateleira. No entanto, enquanto líderes como Mullenweg, Houston e Romer surgiram como as novas lendas das formas de trabalho, muitos outros pensaram que haviam realizado milagres simplesmente aprendendo a ativar e desativar uma reunião virtual.

A TERCEIRA ONDA DA REINVENÇÃO DO TRABALHO

Estamos agora na terceira onda da reinvenção do trabalho. Se olharmos para trás na história recente e observarmos as mudanças significativas que foram feitas nas formas de trabalho, elas nasceram dos engenheiros. A primeira onda, nas décadas de 1980 e 1990, foi a Gestão da Qualidade Total (TQM) e a metodologia Seis Sigma, nascidas de engenheiros da área de manufatura para melhorar a qualidade diante da assustadora concorrência estrangeira. No início dos anos 2000, a segunda onda foi a engenharia de software de metodologia ágil, criada quando a demanda por software estava ultrapassando a capacidade e era necessário um novo sistema de trabalho. Hoje, quando precisamos fazer a reengenharia das formas de trabalho de colarinho branco, onde estão os engenheiros que estão fazendo esse trabalho inovador? Os CIOs, que eram engenheiros, estavam claramente trabalhando para adquirir novas tecnologias colaborativas, mas não viam como sua missão promover a adoção total dessas tecnologias. Em vez disso, em um mundo que estava lidando com uma questão controversa de como "voltar ao trabalho", estávamos analisando o problema a partir de uma perspectiva de política de RH, não repensando o processo e a prática. Para relembrar, nossa pesquisa mostrou que o teamship era uma combinação de comportamentos e práticas de coelevação com novos processos e ferramentas. Este capítulo (juntamente com o próximo capítulo, onde você vai ler sobre franqueza e agilidade) é uma fonte rica desses novos processos e ferramentas de teamship.

Na maioria das empresas que não são de tecnologia, onde estavam os líderes como Mullenweg, Houston e Romer, que se dedicaram tanto à reengenharia de suas formas de trabalho quanto à reinvenção de seus modelos disruptivos de empresas unicórnio? Infelizmente, no momento em que este livro foi escrito, as mentes mais inteligentes do mundo dos negócios ainda não haviam se voltado para a solução desse problema, nem mesmo vislumbrando a enorme oportunidade que existe para transformar sua maneira de trabalhar. É exatamente essa a nossa missão: nunca *voltar* ao trabalho, mas *avançar* para o trabalho.

COLABORAÇÃO MAIS AMPLA, MAIS ARROJADA E MAIS ADAPTÁVEL

O que Mullenweg me mostrou foi uma "desvinculação" do trabalho de quatro maneiras:

1. **O teamship é desvinculado do organograma tradicionalmente configurado em divisões.** É totalmente inclusivo em relação àqueles que devem estar envolvidos para que as ideias mais arrojadas sejam alcançadas mais rapidamente. Uma das perguntas que faremos neste capítulo é: "Quem é a sua equipe?" Trabalhamos em amplas redes globais dentro e fora das paredes de nossas próprias empresas, portanto, precisamos redefinir a forma como pensamos em "equipes" e colaborar livremente fora do organograma limitado. Uma das respostas é uma prática de teamship que descreverei

neste capítulo, chamada Grupamento e Relacionamentos Altamente Planejados (RAP), que ajuda a identificar as pessoas certas, as percepções e os conhecimentos que precisamos ter ao nosso lado e atrás de nós para vencer. Essa é uma ideia que apresentei pela primeira vez em meu livro *Jamais coma sozinho* sobre a criação de redes para oportunidades em nossas vidas. Anos mais tarde, percebi que a liderança nada mais era do que trabalhar efetivamente em redes dentro das empresas e desenvolvi o RAP para *Liderar sem autoridade*.

2. **Não apenas se adapte; adote a adaptabilidade radical.** Não podemos ser reativos e conformistas como um mecanismo de enfrentamento. Somos preditivos, proativos e progressivos e somos radicalmente adaptáveis porque um mundo volátil exige que sejamos assim. Não podemos nos apegar a velhos hábitos e processos de trabalho. Precisamos aprimorar nossa maneira de trabalhar e criar sistemas mais inclusivos, pois precisamos de mais perspectivas, mais insights, mais conhecimento e mais ideias, e não menos, devido à pressão por constantes mudanças. Como escrevi em meu último livro, *Competir no novo mundo do trabalho*, "A adaptabilidade é um mecanismo de enfrentamento. A adaptabilidade radical é um mecanismo de transformação". Por meio da adaptabilidade radical, você abraça o novo mundo do trabalho e cresce com ele, enquanto outros apenas se ajustam e se adaptam a ele.
3. **Seja amplo para ser grande.** Em um mundo de constantes interrupções, precisamos de soluções mais ousadas. Precisamos nos libertar do medo de uma inclusão mais abrangente e aceitar que a colaboração mais ampla não leva a um consenso piegas, ela nos abastece com a diversidade de contribuições

para nos dar as ideias mais arrojadas de que precisamos. Exploraremos isso ainda mais no Capítulo 9, sobre como abraçar o poder da diversidade em nossas equipes. Isso nos leva mais rapidamente à inovação de que precisamos no ambiente volátil de hoje. O crowdsourcing pode gerar insights e ideias, além de permitir que as organizações ampliem o alcance das novas ideias. E a IA generativa oferece um novo potencial para criar personas — clientes, especialistas e até mesmo concorrentes — para ajudar a testar as ideias.

4. **Desvinculação de reuniões como a principal forma de colaboração.** As reuniões tradicionais são apenas uma forma de colaboração — e estão longe de ser a melhor forma ou a maneira mais segura psicologicamente de colaborar. Como discutiremos neste capítulo, as reuniões presenciais são ótimas para lidar com desafios específicos da equipe e como o estágio final da colaboração para aterrissar o avião em uma decisão. Mas há formas melhores de colaboração que são mais arrojadas, rápidas e inclusivas, como a colaboração assíncrona — pessoas trabalhando para atingir os mesmos objetivos, mas não no mesmo momento ou no mesmo lugar. Ciclos inteiros de colaboração podem ocorrer de forma rápida, atraindo uma equipe mais ampla e testando ideias, sem a necessidade de uma reunião.

O último ponto derruba o mito da reunião. Mullenweg é aficionado em ouvir pessoas — especialmente as vozes mais silenciosas da organização. Mas, com exceção das reuniões do conselho, praticamente não há reuniões permanentes em sua agenda. Ele é apaixonado por trabalho remoto/distribuído e assíncrono — colaboração em equipe que não acontece em tempo real. "Há um termo francês, *l'esprit de l'escalier*", disse Mullenweg. "Significa que você pensou na resposta espirituosa perfeita para alguém que passou por você na escada quando chegou ao final dela. Mas adivinha, às vezes é assim que nossa mente funciona. É como quando temos uma grande ideia durante o banho ou enquanto estamos fazendo uma caminhada. Mas grande parte da forma como trabalhamos é otimizada apenas para pessoas que são boas em conversas em tempo real e em brainstorming imediato. Uma das grandes vantagens do trabalho distribuído é liberar o talento dos introvertidos."

Quando as equipes de classe mundial *se reúnem,* usam práticas de alto retorno, como salas online em sessões remotas. No Capítulo 3, falamos sobre como as salas de reunião podem estimular a franqueza, mas esse é um dos recursos mais subutilizados das reuniões remotas. Lembre-se de que as salas de reunião online liberam o "Poder dos Três" para superar a barreira que nossa pesquisa revelou: em uma reunião média de doze pessoas, apenas quatro sentem que são ouvidas. O uso dessas salas e documentos compartilhados permite que todos registrem sua opinião. Como veremos quando analisarmos as práticas de teamship deste capítulo, os documentos compartilhados e as salas nos ajudam a obter a perspectiva mais ampla no começo de uma iniciativa. Em vez de alguém convocar uma reunião com uma suposição já quase pronta da resposta, queremos ampliar e até mesmo pedir às pessoas que contribuam com a colaboração, dizendo francamente o que acham que é o problema real que estamos tentando resolver e, em seguida, o que acham que é a resposta. Não haveria como coletar tudo isso em uma reunião. Agora estamos realmente ouvindo uns aos outros. Também estamos usando essas contribuições para descobrir quem deve estar em uma reunião antes mesmo de ela acontecer. Normalmente, descobrimos que várias pessoas nem precisam estar na reunião. Elas simplesmente não contribuem para a resposta final. Ou elas só precisam participar de um subconjunto de uma reunião maior. Novamente, isso nos faz economizar tempo nas reuniões — e todo o ciclo de colaboração agora acontece na nuvem antes da reunião, reduzindo o tempo do ciclo de colaboração em semanas, às vezes meses. Quantas colaborações começam com a reunião e apenas arranham a superfície da discussão, apenas para agendar várias outras reuniões nas semanas e meses seguintes, sem nunca realmente chegar à compreensão incompatível da causa principal e dos variados pontos de vista? Usando todas as ferramentas tecnológicas à sua disposição, as equipes de classe mundial estão reimaginando a colaboração para desbloquear uma cocriação mais rápida e arrojada.

UMA HISTÓRIA DE TRANSFORMAÇÃO POR MEIO DE UMA COLABORAÇÃO MAIS ARROJADA

Eric Starkloff, o novo CEO da NI (antiga National Instruments), tinha a missão de reinventar a empresa de engenharia de testes e medições automatizadas sediada no Texas. Ele queria agilizar a tomada de decisões e acelerar o crescimento. Starkloff acreditava que a empresa de US$1,2 bilhão precisava se tornar mais ágil — para operar mais como uma empresa de tecnologia. Ele acreditava que era necessária uma mudança cultural. E queria que seus líderes seniores entendessem que nem sempre precisavam esperar por ele para tomar decisões importantes. Estávamos no início de 2020, e a pandemia de covid-19 estava prestes a fazer com que a equipe ficasse remota. Passados vários meses, tudo estava diferente. A equipe de liderança havia desenvolvido a confiança e criado uma cultura de inovação e tomada de decisões mais rápidas. "A mudança mais tangível é a capacidade de escalar e tomar decisões comerciais críticas com mais rapidez", diz Starkloff. "O processo é cocriativo, portanto, a velocidade de execução é mais rápida. Não precisamos fazer como antigamente, buscando a 'adesão' que, muito provavelmente, não foi totalmente explorada. No passado, às vezes pensávamos que a tomada de decisão colaborativa e a tomada de decisão rápida eram incompatíveis. Mas existem técnicas para alcançar ambas. Não foi apenas uma mudança de cultura. Foi uma mudança no desempenho." Jason Green, diretor de receita e vice-presidente executivo de portfólio da NI, destacou como o esforço para atingir as metas rompeu as divisões tradicionais. "O resultado tangível é o aumento das vendas e uma maior colaboração entre as unidades de negócios, com cada uma vendo as outras como aliadas empáticas", diz Green.

INCLUINDO COLEGAS SEM PERDER A AUTORIDADE

Conversando com Eric Starkloff sobre a jornada de transformação da NI e sua experiência com o nosso processo de treinamento de um novo contrato social e práticas de teamship, ele captou a mudança fundamental de pensamento que os líderes precisam fazer em relação à colaboração mais ampla e inclusiva da equipe. "Os líderes da NI às vezes achavam que tinham que assumir algo e resolver tudo sozinhos", diz Starkloff. "Mas você pode incluir seus colegas no desenvolvimento de uma solução sem diminuir sua autoridade ou responsabilidade. É uma mentalidade: você não precisa resolver tudo sozinho." A transformação foi desencadeada pela adoção de práticas de alto retorno voltadas para a inclusão, a cocriação e a colaboração. É a mudança para a criação de valor a partir de interdependências sem o impedimento de hierarquias, estruturas tradicionais ou hierarquias de liderança.

APRESENTANDO A PLATAFORMA COLABORATIVA

Em última instância, as equipes de classe mundial pensam na colaboração não como uma reunião, mas como uma plataforma colaborativa — quatro modos diferentes de colaboração, cada um dos quais deve ser projetado com um propósito.

1. **Assíncrono:** equipes que colaboram com os mesmos objetivos, mas em seu próprio tempo, e normalmente usam tecnologias de colaboração e documentos compartilhados em vez de se reunirem.
2. **Remoto:** colaboração em tempo real (síncrona), mas com equipes trabalhando remotamente.
3. **Híbrido:** colaboração em tempo real, mas com algumas pessoas trabalhando remotamente e outras no modo presencial.
4. **Presencial:** colaboração em tempo real em que todos estão no mesmo local.

No topo da plataforma — o pré-requisito para os demais modos e que precisa urgentemente ser adotado — está a colaboração assíncrona. A colaboração assíncrona promove fluxos de trabalho mais produtivos, mas não com colegas na mesma reunião simultaneamente. Ela permite uma inclusão mais rica que alimenta uma inovação mais ousada, permitindo que mais pessoas se envolvam no tópico com um nível de liberdade que a maioria não consegue sentir em uma reunião, sem desacelerar o processo.

O OBJETIVO DAS REUNIÕES PRESENCIAIS

Não se trata de uma disputa entre síncrono e assíncrono. É o uso estratégico do assíncrono e do síncrono para criar a melhor experiência de ambos. Drew Houston me disse que, embora o Dropbox tenha a política de ser prioritariamente remoto, *ele não é apenas remoto*. Ele acredita na convocação de uma boa combinação de reuniões trimestrais presenciais para criar um vínculo mais profundo com a equipe. Mas em muitas empresas, o desenvolvimento do trabalho assíncrono é essencial e deve ser uma prioridade como parte de uma visão e estratégia mais amplas para o trabalho e a colaboração. Podemos criar reuniões melhores e mais focadas, com as pessoas certas nelas, ou evitar totalmente as reuniões. Precisamos de trabalho síncrono de alta qualidade, com ótimas reuniões presenciais, híbridas e totalmente remotas. Há momentos em que o trabalho em locais fixos é importante. Quando estamos no presencial, deveríamos estar nos voltando para o lado emocional do trabalho: colaborações difíceis, conclusão de tarefas em um grupo unido, comemorações, brincadeiras, vínculos, conexões e problemas complexos que estão frustrando as pessoas e precisam ser resolvidos com empatia. Fico muito triste ao ver equipes se reunindo e não aproveitando o tempo precioso juntas para o que fazemos de melhor pessoalmente. Tudo isso compõe a Plataforma de Colaboração. Cada estágio da Plataforma tem atributos exclusivos: cada um deles exige que você adote e adapte práticas de teamship. A colaboração não é uma reunião — é um conjunto complexo de dinâmicas relacionais que, se você decifrar o código, como nossos anos de pesquisa aplicada fizeram, pode impulsionar o desempenho e acelerar o crescimento.

UM NOVO MOVIMENTO PARA NOVAS FORMAS DE TRABALHO

Não aproveitar a perspectiva de todos é um resultado abaixo da média. A diversidade de contribuições e a inclusão mais ampla são poderosas para a obtenção de ideias mais ousadas, das quais precisamos para a inovação disruptiva e para a criação de projetos inovadores. Como dissemos anteriormente, não precisamos ir tão longe quanto Mullenweg e construir uma plataforma sob medida. A tecnologia, como o Google Workspace, com sua pilha de aplicativos, Docs, Sheets, Slides, Forms e Chat, tornou essa colaboração mais ampla e inclusiva mais acessível do que nunca, abrindo caminhos para a Transição de Reuniões (consulte a prática de teamship abaixo) — mudar ciclos inteiros de colaboração das reuniões para o trabalho com nossos colaboradores de forma assíncrona e acelerar o processo de inovação. Quando conversei com o CEO da Microsoft, Satya Nadella, ele deixou claro que precisávamos de uma maior evangelização de novas formas de trabalho na empresa — temos uma ótima tecnologia, mas mal tocamos em seu potencial. Precisamos de um novo movimento no local de trabalho em prol de novas formas de trabalho; novos defensores da adoção de como a tecnologia pode revolucionar o trabalho remoto e o novo potencial da inteligência artificial generativa e agêntica.

DA PESQUISA REMOTA E HÍBRIDA À REVOLUÇÃO DA IA: COMO AS NOVAS FERRAMENTAS ESTÃO POSSIBILITANDO A TRANSFORMAÇÃO DO TRABALHO

Em 2012, começamos a pesquisar sobre o trabalho remoto e projetamos um novo conjunto de práticas de teamship em torno dos principais atributos das equipes híbridas de alto desempenho. Compartilhamos nossas descobertas e as intervenções para equipes híbridas no *Harvard Business Review* sob o título "New People Rules in a Virtual World". Em seguida, a pandemia de 2020 tornou-se o grande laboratório para o trabalho remoto — uma oportunidade de ver o impacto de nossas práticas remotas e híbridas de alto retorno em escala. Para aqueles que aplicaram as práticas de teamship, acompanhamos um aumento de três a quatro vezes nos principais indicadores de desempenho da equipe: responsabilidade e resultados. Nos anos que se seguiram, e muito antes da empolgação que saudou o lançamento do ChatGPT no final de 2022, nossa pesquisa se estendeu à inteligência artificial em parceria com meu amigo, o futurista Peter Diamandis, que disse há cinco anos: "Se o seu negócio não for impulsionado pela IA em um futuro próximo, você estará fora do jogo".

Quando você está escrevendo um livro no meio de uma revolução da IA, é claro que o que você escrever sobre o tema e seu impacto em nossas equipes será discutível até o final do ano. No entanto, o que sabemos é que:

1. A IA e os seres humanos serão acoplados como companheiros de equipe, e a IA aumentará a maior parte do que fazemos. A transformação do trabalho em torno da IA tem a promessa de reduzir os custos, que é onde muitas pessoas estão olhan-

do para o problema contemporâneo. Mas também tem o potencial de elevar o senso de propósito e a conexão humana que as pessoas têm com seu trabalho. O sucesso será nossa capacidade de harmonizar os seres humanos e a IA para atingir os objetivos comerciais e a satisfação humana em escala.

2. A criação de valor se tornará mais fácil com menos pessoas à medida que a IA agêntica se desenvolver, não necessitando de quase nenhuma supervisão humana, de modo que cada vez menos pessoas possam fazer mais e mais com suas contrapartes de IA. Quando o Google comprou o YouTube em 2006, foi chocante ver uma avaliação de bilhões de dólares criada por dez pessoas. Em breve, veremos uma empresa de um bilhão de dólares criada por uma pessoa e, provavelmente, em breve, até mesmo uma empresa criada por IA sem intervenção humana. Mas esse ponto apenas enfatiza o fato de que estaremos cocriando com a IA como colegas de equipe, criando tanto valor quanto centenas ou milhares de antigos associados. Em certo sentido, o conceito de "colaboradores" assumirá uma perspectiva totalmente nova. Mas não é bem assim. Trata-se de como criamos em conjunto com outras personas, sejam elas humanas ou de IA.

No momento em que escrevo, estamos vendo muito fervor em relação à IA, mas uma falta de adoção ampla e significativa. O motivo da hesitação em adotar a IA generativa é que nossa relação com ela não é a mesma que tínhamos com o software tradicional. O software é uma ferramenta, enquanto a IA é um parceiro e, em breve, esse parceiro estará pensando antes de nós e nos desafiando de maneiras poderosas a pensar de forma diferente. Apesar do potencial da IA para transformar a forma como trabalhamos, também estamos vendo uma adoção e implementação mais lentas devido ao medo equivocado dos funcionários. Promessas grandiosas tornaram a tecnologia intimidadora. Isso é agravado quando a IA faz parecer que Einstein está se mudando para o seu escritório. Isso acabará acontecendo, mas, atualmente, a realidade está mais próxima de ter um exército de milhares de funcionários com várias habilidades à disposição, prontos para executar com velocidade e escala exatamente o que você precisa fazer. E, como qualquer estagiário, é preciso tempo para dar esse tipo de orientação — e você precisa dar orientações muito específicas (pelo menos hoje, não amanhã). Mas imagine o que você pode fazer:

1. Inclua em sua equipe diferentes tipos de conhecimentos e percepções que ainda não estão presentes. Se você for uma empresa de CPG (consumer packaged goods — bens de consumo embalados), desenvolvendo um novo produto, poderá usar a IA para avaliar a reação de diferentes personas de clientes. Digamos que você seja uma empresa B2B e esteja desenvolvendo uma nova solução. Você pode fazer um Teste de Estresse com um prompt bem projetado que pergunte: Como um determinado segmento do setor reagiria? A IA pode representar "a voz de um concorrente" na discussão sobre estratégia. Por mais profunda e ampla que seja a sua curiosidade, você pode treinar a IA para apoiá-lo.
2. Em seguida, há uma questão de como a IA pode tornar a sua equipe mais eficaz do ponto de vista administrativo. Isso pode ser tão simples quanto a sincronização de calendários e a automação de tarefas administrativas básicas, desde a elaboração de e-mails até a criação de primeiros rascunhos de documentos. Em breve, permitir que pessoas certas se envolvam com problemas certos será quase instantâneo, economizará meses de tempo de colaboração e nos permitirá alcançar milhares de pessoas certas com insights inovadores.

3. Em breve, o desenvolvimento e o treinamento de equipes serão aumentados exponencialmente: com a IA incorporada de forma profunda em nosso trabalho, há uma massa de dados sobre nosso desempenho individual a ser coletada, o que poderia ajudar em nosso aprendizado e desenvolvimento de habilidades, produtividade e eficácia. Qual é a eficácia de nossa comunicação? Estamos falando por cima das pessoas nas reuniões? Nossas mensagens estão sendo mal interpretadas? Se a IA entende, a partir de nossas anotações preparatórias para uma reunião, qual é a nossa perspectiva, por que não levantamos um ponto crítico em um momento importante? Se isso não está disponível para nós hoje, é algo que está chegando e aumentará a eficácia individual da equipe.

Ao escrever esses últimos pontos, eu tenho ciência de que são táticos e de curto prazo demais e, em edições futuras do livro, serão removidos por estarem desatualizados. Mas, por enquanto, é onde estamos, e a era das equipes aumentadas por IA já está deixando algumas organizações para trás. Como dissemos logo no primeiro capítulo, a mudança da liderança para o teamship exige uma combinação de novos comportamentos de coelevação, novos processos de colaboração e novas ferramentas. A IA é mais do que uma ferramenta, é um colaborador, um novo membro da equipe que exige uma reengenharia de como trabalhamos para que possamos aproveitar seu poder.

PRÁTICAS DE TEAMSHIP

Depois de concluir o diagnóstico e estabelecer as duas Regras de Alerta, seis práticas de teamship apoiam a mudança para elevar a colaboração:

1. **Grupamento e Relacionamento Altamente Planejado:** de quem precisamos para realizar o trabalho e como podemos reconhecer que, quanto mais amplo for o nosso alcance, mais inovadoras e ousadas poderão ser as nossas respostas?
2. **Teste de Estresse Assíncrono:** como usar a franqueza e a prática de teamship de responsabilidade P2P (peer-to-peer) que encontramos no Capítulo 3 e transformá-la em uma prática de colaboração ilimitada sobre quem ou quantas pessoas podemos convidar para oferecer insights.
3. **Resolução Colaborativa de Problemas Assíncrona (Collaborative Problem-Solving — CPS):** faça uma pergunta aberta, mas crítica para os negócios, e use essa prática para estimular a colaboração inclusiva.
4. **Conselho de Decisões:** essa prática de teamship é uma versão turbinada da resolução colaborativa de problemas; em vez de uma pergunta, é necessário um conjunto de perguntas que precisam ser resolvidas antes de uma reunião.
5. **Eliminação de Agenda:** essa prática de teamship é uma revisão abrangente das agendas para eliminar reuniões desnecessárias.
6. **Agendamento de Preparação Assíncrona:** a adoção da colaboração assíncrona exige que você repense a forma como organiza o tempo. Essa prática de teamship é sobre como reservar um tempo no seu calendário para a preparação.

O diagnóstico de colaboração

ETAPA 1: ***Discussão em equipe sobre como elevar a colaboração***
Existe um espírito ilimitado de cocriação dentro da equipe que impulsiona a inovação? Estamos entusiasmados em olhar para fora de nossos organogramas para encontrar outras pessoas que se envolvam de forma colaborativa para obter as melhores e mais inspiradas respostas? O time está fazendo uso total de todas as tecnologias de colaboração e seus recursos para acelerar a colaboração? Esses são os padrões pelos quais as equipes de classe mundial se esforçam e, em nosso exercício de diagnóstico, elas normalmente atingem pontuações de 4,3 em 5. No teamship aproveitamos as grandes mentes da definição mais ampla de equipe para avançar, aprimorar e fazer com que nossa inovação seja mais ousada. Redefinimos a equipe não apenas como aqueles que trabalham para nós, mas também como aqueles que podem nos dar as melhores respostas para o avanço. Mas esse espírito ilimitado de cocriação é raro. Nossos dados mostram que a maioria das equipes obtém 2,5 de 5 pontos em nosso exercício de diagnóstico.

ETAPA 2: ***Questões diagnósticas***
Todos os membros da equipe dão uma pontuação de 1 a 5 para as seguintes perguntas (1: Discordo totalmente, 2: Discordo, 3: Neutro, 4: Concordo, 5: Concordo totalmente):

- Esta equipe cria um valor significativo e tangível a partir das interdependências que existem entre nós.
- Não somos impedidos pela hierarquia ou pela dependência de autoridade posicional.

- Esta equipe cruza a linha de chegada em conjunto, e fazemos o que for preciso para entregar todos os aspectos do desempenho coletivo da equipe.
- Todos os membros da equipe cumprem seus próprios compromissos individuais e se responsabilizam por seus resultados.
- As reuniões são bem-vindas e produtivas porque as usamos com moderação e como complemento das mais modernas ferramentas colaborativas e de IA que nos poupam tempo e nos permitem participar de forma inclusiva.
- Somos inclusivos e acolhemos o mais amplo e diversificado conjunto de opiniões para encontrar as soluções mais inovadoras.

O diagnóstico deve ser administrado por um membro da equipe que seja visto como cético e confiável, pois a pontuação é privada e não será atribuída a indivíduos. Use uma ferramenta de pesquisa online ou a Avaliação de Diagnóstico disponível em meu site.

Regras da Alerta e Replays de Alerta

As duas Regras de bandeira vermelha da equipe para colaboração: "Criamos em conjunto de forma ampla para inovar com ousadia" e "Aproveitamos a tecnologia para elevar nossa colaboração". A convocação de um Red Flag Replay sobre essa mudança específica dentro de um mês após a aplicação das práticas de teamship abaixo e, depois disso, regularmente, é uma oportunidade de criar um espaço para falar sobre onde as coisas podem ter saído dos trilhos, para verificar se nossos novos compromissos comportamentais estão sendo observados e se as práticas de teamship estão sendo implementadas.

Prática de Teamship: Grupamento e Relacionamento Altamente Planejado

A maioria de nós pensa em nossas equipes como as pessoas que se reportam a nós. Mas a realidade é que essa é uma maneira antiga de pensar sobre o trabalho. De quem precisamos para realizar o trabalho e como podemos reconhecer que, quanto mais amplo for nosso alcance, mais inovadoras e ousadas poderão ser nossas respostas? Não importa se as pessoas estão dentro ou fora da organização. Como a pessoa que escreveu o livro best-seller sobre networking *Jamais coma sozinho,* ao longo do tempo apliquei essas pesquisas e percepções para aprender a trabalhar e liderar com mais eficiência em redes. Você pode falar sobre o que precisa fazer e para onde está indo, mas precisa começar a apresentar quem compõe a sua equipe e quem são as pessoas com as quais você precisa construir relacionamentos para atingir suas metas. E isso é o Grupamento. Para formar uma equipe, você precisa desenvolver Relacionamentos Altamente Planejados (RAP). O RAP requer que você o planeje em um documento compartilhado:

1. Identifique os relacionamentos mais importantes para o sucesso de cada meta. Reconheça também que essas pessoas não são apenas aquelas de quem você precisa obter a adesão, elas são o seu time. Ponto final. Você precisa cocriar com eles e servir, compartilhar, cuidar e ter um contrato social com eles. Grupamento significa que cada meta tem uma equipe relevante associada a ela.
2. Avalie seu progresso ao recrutá-los. Use uma escala de –1 a 5.
   - –1 = é um relacionamento tenso.
   - 0 = eles não conhecem ou não se importam com nosso trabalho.
   - 1 = eles estão cientes, mas não estão realmente envolvidos.

2 = eles estão levemente envolvidos, sem colaborar profundamente.

3 = eles estão colaborando e se envolvendo regularmente.

4 = eles são comprometidos, oferecem inovação e realmente se antecipam para encarar riscos e desafios.

5 = eles são verdadeiros embaixadores, totalmente engajados conosco e impulsionando o recrutamento de outros colaboradores importantes.

Portanto, é essencial priorizar quem são seus colaboradores mais importantes com um ABC.

A = a equipe principal de trabalho constante no dia a dia.

B = aqueles com quem você ganhará mais e que mais podem atrasar o progresso. Queremos cocriar com eles e realmente nos envolver com a equipe — isso pode não acontecer nas reuniões diárias, mas ocorrerá nas revisões regulares de sprint, sobre as quais aprenderemos mais no próximo capítulo sobre equipes ágeis.

C = influenciadores com os quais precisamos nos envolver em algum nível. Esses indivíduos podem estar envolvidos no Teste de Estresse apenas nos principais marcos do projeto.

Portanto, agora você tem duas métricas: Qualidade do Relacionamento (QR) e Prioridade. É fundamental que você mova todos os A's para o QR 4 e 5; afinal, eles são a sua equipe principal e crítica, e você quer que todos eles sejam profundamente coelevadores em relação às suas metas compartilhadas. A maioria dos B's precisa estar pelo menos no QR 3, 4 ou 5. Um ponto importante é não gastar muito tempo tentando converter os –1's, mas, em vez disso, obter tração e resultados reais, o que ajudará a converter esses –1's. Chamamos isso de conversão de Saulo para Paulo — o momento bíblico quando o perseguidor de cristãos se torna um apóstolo na Estrada de Damasco — quando você consegue convencer o opositor, mas tentar muito cedo pode apenas desperdiçar tempo e impedi-lo de obter tração.

3. Fomente crescimento e capacitação ativamente. Você pode designar pessoas da equipe para estabelecer relacionamentos. Eles podem ser contratados. Podem ser clientes. Eles devem ser clientes. Aumente a lista com o tempo e monitore o progresso regularmente, pelo menos no final de cada mês, com a equipe do dia a dia. Faça a coelevação com clientes e fornecedores.

Evite reorganizações desnecessárias

Muitas empresas correm atrás do pêndulo da redefinição organizacional porque uma parte dos negócios e uma parte adjacente não estão colaborando de forma eficaz. É determinado que temos de mudar a amplitude de controle de um grupo ou de outro. Alguns anos depois, há outra reorganização porque estamos enfrentando outro problema em outra adjacência do que um grupo queria controlar. E, alguns anos depois, chamamos outra empresa de consultoria e eles redefinem o organograma, mais uma vez. Isso lhe parece familiar? O trabalho é frequentemente descrito como existente em várias dimensões: relatórios P&L (perdas & lucros) de negócios, funções de suporte, geografias etc. Essa pode ser uma maneira decente de descrever uma organização, mas não *é assim que o trabalho é feito.*

Nossa concepção de como o trabalho deve ser organizado é que ele precisa começar com metas. Cada meta tem uma equipe envolvida para alcançá-la. Quem faz parte dessa equipe? Isso nos leva de volta à ideia de Grupamento e Relacionamentos Altamente Planejados e à visão de equipes compostas pela rede apropriada, uma colaboração multidisciplinar que é convocada para atingir uma meta. Ela é desenhada a partir de uma rede e não de um organograma rígido, com cada equipe multidisciplinar executando metas em sprints de trabalho (que discutiremos no próximo capítulo). Sempre disse aos meus clientes: "Por favor, não se apressem em fazer uma reorganização; vamos primeiro tentar treinar os líderes de nossas equipes para liderar em toda a organização, primeiro esclarecendo nossas metas e, em seguida, projetando RAPs inclusivos e trabalhando esse time em rede em sprints ágeis". Nesses casos, estamos apenas implementando uma equipe ágil em uma organização em rede.

Prática de Teamship: Teste de Estresse Assíncrono

No Capítulo 3, apresentamos o Teste de Estresse como um meio de introduzir mais franqueza e responsabilidade colaborativa na equipe. Mas o Teste de Estresse Assíncrono é ilimitado; não há limites para quem ou quantas pessoas podemos convidar para a nossa colaboração para encontrar as respostas mais impactantes para os desafios que provavelmente enfrentaremos. Isso nos permite ser mais inclusivos e aceitar opiniões diversas do que nunca. Foi exatamente isso que encontrei em um grande fabricante de automóveis, quando uma colaboração que começou com quinze pessoas se expandiu graças ao Teste de Estresse Assíncrono, o que nos levou a encontrar uma solução para um item polêmico que os impedia de trabalhar há meses. O insight final que mudou o jogo veio de uma pessoa três camadas distante dos quinze originais que, de outra forma, nunca teria sido convidada para a discussão. E também pudemos testar nossas suposições com opiniões diversas estimuladas pela IA. Agora é fácil fazer com que várias personas de IA testem e desafiem nossas ideias e suposições à medida que investiguemos insights e inovações mais amplos do que nosso time principal reduzido pode ter.

Para obtermos maior clareza, vamos imaginar uma equipe de liderança que tenha sido desafiada pelo CEO e pelo CFO a encontrar economias de custo. Em uma próxima reunião, o diretor de informações está pronto para apresentar sua proposta de redução de custos, centralizando os recursos de TI que antes eram distribuídos. A CIO (Chief Information Officer) esperava alguma resistência dos líderes das unidades de negócios contra a ideia de um controle mais centralizado da TI e a perda da atenção personalizada das unidades de negócios. Portanto, no verdadeiro estilo antigo de reunião, a CIO já havia pré-vendido o pacote para o CFO, mencionado muitos dos prováveis desafios com o CEO e pedido o apoio de ambos antes mesmo de entrar na sala. Na reunião, a CIO abre a discussão entre a equipe, apresentando sua proposta. A apresentação da CIO é um "relatório" padrão. Alguns dos líderes das unidades de negócios percebem que isso já foi politicamente acertado com o CFO e o CEO e decidem não expressar seu descontentamento viável em relação aos riscos e preocupações, pois acham que não faria diferença se dissessem alguma coisa. Alguns indivíduos decidiram fazer seu próprio lobby mais tarde com o CEO e, portanto, manterão seus argumentos para não entrar em um debate aberto, presumindo que uma audiência privada lhes trará mais vantagens. Alguns não estão dispostos a fazer recomendações, mesmo que seu instinto lhes diga que há uma maneira melhor de fazer isso, pois não tiveram tempo suficiente para pensar a fundo. Como aprenderemos mais adiante neste capítulo, quando há doze pessoas na sala, é provável que apenas quatro vozes sejam ouvidas. A verdadeira franqueza está visivelmente ausente. Há uma crença tácita de que, por enquanto, é melhor passar para o próximo item da pauta e tentar resolver o problema fora da reunião. Bem-vindo a uma reunião cotidiana na vida corporativa em qualquer lugar do mundo hoje. Agora, deixe-me apresentar um cenário diferente.

Nesse segundo cenário, o CEO criou um entendimento norteador de que, no atual clima econômico, há restrições de custo e a necessidade de identificar reduções de custo. A CIO, em resposta, cria uma breve apresentação one-pager no seguinte formato:

- Eis o que sabemos e já fizemos para descobrir a melhor solução.
- Eis as nossas dificuldades; há desafios e questões complicadas sobre esse tópico.
- Eis o nosso plano para seguir em frente, tal como está hoje.

O one-pager, talvez associado a um vídeo curto dela para que todos ouçam seu tom adequado em questões tão delicadas, é compartilhado como um documento narrativo simples ou um slide. Em todos os casos, a apresentação é acompanhada de uma planilha editável em grupo com todos os doze participantes da reunião proposta, nomeados na coluna da esquerda. Na linha superior, há três perguntas simples para cada membro da equipe responder:

1. Que desafios ou riscos você vê que estamos deixando passar?
2. Quais são as ideias ou soluções inovadoras/arrojadas que você tem que poderiam beneficiar a situação?
3. Que ajuda ou suporte você e seu time podem oferecer para resolver isso?

Esse documento é enviado pelo menos uma semana antes da reunião para que todos os colegas de equipe analisem e respondam, dando a cada colaborador tempo suficiente para pensar, consultar suas equipes e responder a essas perguntas antes da reunião... e depois ler as respostas uns dos outros. Sabendo que, no passado, o trabalho preparatório antes das reuniões muitas vezes não era feito, o uso de nomes atribuídos em um documento compartilhado aumenta a probabilidade de conclusão devido à responsabilidade aberta entre os colegas com a visibilidade do CEO. O que acabamos de fazer foi uma transição de reunião, transferindo um ciclo inteiro ou vários ciclos de colaboração para antes da reunião. A CIO pode entrar na sala com uma agenda que aborde as preocupações e apresente algumas áreas difíceis que se beneficiariam de uma discussão em grupo. Mas, ao contrário do primeiro cenário, que se arrastará por semanas, talvez meses, esse cenário permite que a equipe termine possivelmente em uma única reunião.

Outras práticas de colaboração assíncrona em equipe

Com a preparação assíncrona, todos os membros da equipe podem escrever cuidadosamente o que querem dizer para que todos leiam e comentem com antecedência. Você reduziu radicalmente o tempo do ciclo porque pode entrar na reunião discutindo as próximas etapas, uma vez que todos já foram ouvidos — eles escreveram e leram com antecedência. Muitas pessoas acham que é possível fazer uma leitura prévia rápida antes da reunião ou nos primeiros dez minutos da reunião. Mas isso prejudica demais a inclusão, porque as pessoas não tiveram tempo de ler com atenção e responder ao grupo com antecedência e fazer com que todos lessem as perspectivas uns dos outros. Esperar para ler o pré-trabalho na reunião pula todo um ciclo valioso de colaboração e pode prolongar o tempo do ciclo de colaboração em semanas. A Resolução Colaborativa de Problemas Assíncrona e o Conselho de Decisões são duas outras práticas que podem turbinar a preparação assíncrona da sua equipe.

Resolução Colaborativa de Problemas Assíncrona (CPS)

A CPS concentra a atenção em uma única pergunta crítica para os negócios que seja relevante para uma colaboração em andamento e talvez para uma reunião futura — mas definitivamente *antes de uma reunião.* A CPS assíncrona destina-se a perguntas de colaboração mais abertas e no topo do funil, em vez do Teste de Estresse, que se concentra em melhorar e tornar mais resistente uma opinião ou uma linha de trabalho existente. Na minha experiência como instrutor, muitas equipes simplesmente evitam colocar as questões mais importantes e difíceis na mesa para serem discutidas e resolvidas. A assincronia é uma ótima maneira de expor essas questões às partes mais amplas da empresa e da equipe. É também uma grande parte do contrato social. Ousamos dizer o que é mais difícil de compartilhar. Mas estamos comprometidos com a missão e uns com os outros. Para alinhar uma equipe ao seu elemento norteador, a CPS pode ter como objetivo trazer clareza, transparência e alinhamento nas seguintes áreas críticas:

- **Missão Norteadora:** Onde estamos desalinhados em relação à nossa missão como equipe? Onde estamos desalinhados em relação às nossas prioridades para chegar lá?
- **Metas:** Quais são os maiores obstáculos que precisamos superar para alcançar o sucesso?
- **Prioridades:** Quais são as duas ou três coisas em que precisamos obter maior tração nos próximos três meses?

- **Redundâncias:** O que precisamos parar de fazer para abrir espaço para as principais prioridades que temos?
- **Riscos:** Quais são os maiores desafios que enfrentaremos nos próximos 3–6 meses (ou ano)?
- **Transparência:** Que tópicos ou questões são mais importantes para abordarmos como equipe e que não estamos abordando?

Qualquer uma dessas perguntas é acompanhada de uma planilha do Google ou de uma planilha compartilhada que lista os nomes de todos os participantes e o espaço para que as pessoas registrem suas percepções e respostas antes da reunião. Incentiva-se que todos utilizem dados ou percepções de suas equipes mais amplas. Uma coisa que costumo dizer às equipes sobre os benefícios da CPS assíncrona e do envolvimento de equipes mais amplas com antecedência é que, tradicionalmente, há um debate ao vivo na sala que chega a uma conclusão, mas depois os membros do time parecem recuar de seu compromisso. Às vezes, isso é um problema de franqueza e falta de compromisso original. Mas muitas vezes é porque, quando os membros do time retornam às suas equipes mais amplas, eles tomam conhecimento de questões que desconheciam e que os colocam em um novo estado de desacordo. Esse processo assíncrono evita isso e garante que todos os dados disponíveis estejam claros desde o início para que possamos chegar a um acordo de uma vez por todas. O Google Docs e a capacidade de responder, resolver e revisitar comentários são um registro permanente do progresso de um projeto — uma trilha de auditoria da tomada de decisões que pode ser rastreada pela equipe e por outras equipes no futuro.

Depois que todos tiverem lido as contribuições de cada um, eles virão para a reunião preparados para se aprofundar no assunto. Depois que todos lerem as respostas de cada um, pode haver mais uma rodada de comentários em uma nova coluna para cada pessoa, para ajudar novamente a ir direto ao ponto na reunião. As pessoas podem concordar com outras ou compartilhar diferenças de opinião na nova coluna depois de lerem todos os comentários de seus colegas.

Então, pouco antes da reunião, todos leem todos os comentários finais e o líder da reunião decide:

1) Qual é a pauta que realmente precisamos abortar? Às vezes, o item já foi resolvido. **2)** Quem *realmente* precisa estar envolvido? Geralmente é um grupo muito menor, o que contribui para a redução de reuniões em todos os nossos calendários, em mais de 30%. **3)** Ou vamos direto para o feedback "Sim, Não, Talvez" para todos? ("*Sim, faremos isso*", "*Não, não faremos isso por esse motivo*" e "*Talvez, estudaremos isso*"). Depois, temos a reunião para testar as conclusões finais mais uma vez e aterrissar o avião.

O Conselho de Decisões

O Conselho de Decisões é uma variação turbinada da CPS e ocorre no início do processo colaborativo. A variação é que, em vez de uma única pergunta da CPS, trata-se de um conjunto de perguntas que devem ser respondidas com antecedência. A ideia é que qualquer informação apresentada para uma decisão em uma reunião deve começar com um vídeo pré-gravado ou uma simples redação. Essa leitura ou gravação preparatória é acompanhada de uma planilha do Google ou de uma planilha compartilhada que lista os nomes de todos os participantes da reunião em uma coluna e, ao longo das linhas, faz uma série de perguntas críticas relacionadas ao item da pauta. No caso do fabricante de automóveis mencionado acima, eles estavam lutando contra os atrasos na readaptação da produção, que era necessária para cumprir os compromissos assumidos com clientes e investidores.

O conjunto de perguntas (simples, mas poderosas) feitas foi o seguinte:

- Qual é o problema central que estamos tentando resolver? *(Buscando descobrir qualquer desalinhamento.)*
- Quais são as outras soluções arrojadas que devemos considerar?
- Onde o progresso ficará paralisado? *(Quem ou o que dentro da organização pode ter problemas com as possíveis soluções arrojadas?)*
- Quem deve ser convidado para essa discussão? *(Quem pode contribuir com mais inovação? Quem será essencial para a execução? A quem poderíamos ouvir, mesmo fora da organização?)*

Solicita-se que as pessoas que supostamente têm conhecimento sobre o assunto preencham o formulário antes de qualquer reunião ser agendada. As pautas das reuniões e os convidados são, em última instância, derivados das contribuições após uma rodada inteira de debates nesses documentos, o que é mais robusto do que se você estivesse começando do zero em uma reunião sem preparação. Nesse caso, seriam necessárias muitas reuniões posteriores para alinhar o problema e chegar a soluções ao longo de meses que poderiam ser contornadas em apenas algumas semanas.

Prática de Teamship: Eliminação de Agenda

Todos nós sabemos que as reuniões são a mercadoria mais abundante do mundo. Os dados que temos acompanhado desde 2000 sobre o desempenho de equipes de alto e baixo desempenho mostram que as reuniões sempre foram um fórum de colaboração falido. Pesquisas realizadas em vinte setores pelo psicólogo organizacional Dr. Steven Rogelberg e pela Otter.ai mostram que pelo menos uma em cada três reuniões é desnecessária. E as empresas com cinco mil funcionários economizariam mais de US$100 milhões por ano se essas reuniões desnecessárias fossem abandonadas. Organizações com 100 funcionários economizariam quase US$2,5 milhões por ano. A eliminação de agenda é uma revisão abrangente das agendas para eliminar reuniões desnecessárias. Não há agenda? Basta excluir. Não há nenhuma decisão a ser tomada? Apague isso também. O exercício da eliminação de agenda ecoa a limpeza da agenda de ano novo de Tobi Lütke, CEO da empresa de comércio eletrônico Shopify. Em janeiro de 2023, Lütke disse à sua equipe para eliminar de seus calendários todas as reuniões recorrentes com mais de duas pessoas. Ele incentivou sua equipe a recusar outras reuniões, sair de grandes grupos de bate-papo e aderir a uma política de "Sem reuniões de quarta-feira". No total, 76.500 horas de reuniões inúteis foram eliminadas. Desde então, a Shopify foi além e adicionou um aplicativo de custo de reuniões ao seu calendário que calcula a conta de uma reunião com base na duração da reunião e no custo médio dos participantes. "Ninguém na Shopify gastaria um jantar de US$500", de acordo com o diretor de operações Kaz Nejatian. "Mas muitas e muitas pessoas gastam muito mais do que isso em reuniões sem nunca tomar uma decisão." A Shopify se junta a empresas como o Dropbox, que foram além do debate sobre onde trabalhamos e passaram à reengenharia de como o trabalho é feito.

Prática de Teamship: Agendamento de preparação assíncrona

As pessoas costumam perguntar: "Então, como encontrar tempo para todo esse novo trabalho de preparação assíncrona? Eu mal tenho tempo para o que estou fazendo agora". Programar o tempo assíncrono em seu calendário é tão importante quanto uma reunião. Sempre que precisar dedicar algum tempo à preparação assíncrona, à revisão ou ao pensamento criativo e estratégico, você precisará reservar um tempo específico em sua agenda. Todos nós sabemos que a alternativa é acabar transferindo esse tempo para a noite ou para os fins de semana e, muitas vezes, isso não é feito. É por isso que muitas vezes participamos de reuniões despreparados, mesmo que a pré-leitura tenha sido feita com antecedência. A criação de uma entrada de calendário distinta para esse horário permite que você veja o sucesso de sua transferência para o horário de trabalho e permite que você veja quanto tempo isso leva, o que é significativo. O uso bem-sucedido desse novo sistema colaborativo economizará muito tempo que antes era gasto em reuniões, como muitos líderes já descobriram. Mais importante ainda, ele nos proporcionará resultados mais ricos e rápidos. Você e seus colegas de equipe ficarão cada vez melhores em estimar o que realmente é necessário para fazer todas essas coisas e quem precisa de quanto tempo para o quê. Algumas pessoas levam uma hora para fazer a mesma coisa, outras levam trinta minutos. Por fim, informar àqueles que enviaram a sugestão de preparação quanto tempo levou (e, a propósito, eles precisam dizer quanto acham que será necessário para que você possa agendar esse tempo) pode ajudá-los a ajustar melhor a solicitação desde o início. Todos nós ficamos mais inteligentes em relação ao que isso exige. Precisamos respeitar o tempo assíncrono tanto quanto, mas não mais do que, o tempo de reunião.

PRECISAMOS ACABAR COM O MITO DA REUNIÃO

Todos os dias existe uma equipe em algum lugar tomando decisões sem ter ouvido as melhores e mais brilhantes ideias. Todos os dias existe uma equipe que está perdendo tempo em suas agendas para o pensamento estratégico e criativo ao adicionar... Mais. Uma. Reunião. Nossa pesquisa derruba o longevo mito de que a colaboração só acontece em uma reunião. Muitas equipes estão trabalhando sob a crença equivocada de que, se incluírem mais pessoas, as decisões serão mais lentas e os resultados serão diluídos de alguma forma — quanto mais vozes, mais barulho e por mais tempo. Isso simplesmente não é verdade. Nossos dados mostram que há muito pouco reconhecimento proativo de que agora trabalhamos em redes e que devemos trabalhar de forma sistemática com as partes interessadas externas que são essenciais para o nosso sucesso. A adoção de contribuições mais amplas para a tomada de decisões pode gerar decisões mais arrojadas e rápidas. Nunca antes isso foi tão acessível como em um mundo de trabalho cada vez mais híbrido e remoto.

CAPÍTULO 7

MUDANÇA PARA A METODOLOGIA ÁGIL COMO O NOVO SISTEMA OPERACIONAL DA SUA EQUIPE

Regra de Alerta:

A metodologia ágil é o nosso sistema operacional.

Os veteranos da IBM disseram que isso nunca poderia ser feito e que era loucura tentar. Mas o CEO Arvind Krishna estabeleceu a audaciosa meta de abandonar a divisão de vendas de quarenta anos da IBM entre software e consultoria e criar um novo modelo conectado, mais simples e eficaz de entrada no mercado — em seis meses. Krishna não vê a transformação organizacional como um processo longo e lento; como muitos outros líderes deste livro, ele é engenheiro por formação e defensor da metodologia ágil não apenas para o desenvolvimento de software, mas para a empresa como um todo. "O instinto da maioria dos executivos não é operar com a metodologia ágil, porque o que provavelmente os tornou bem-sucedidos e os colocou em cargos seniores foi o fato de terem conseguido progredir e inovar com um resultado sugerido, todo embalado com um laço em volta e apresentado ao chefe", diz Krishna. "O instinto natural é não mostrar o processo de fabricação da salsicha. A metodologia ágil comemora quando todos podem ver o que não é tão bonito ao longo do caminho." Foi exatamente isso que ele pediu que a equipe executiva da IBM fizesse.

A transformação provocada pela estratégia go-to-market (GTM) atingiria todos os aspectos das operações da IBM, de finanças a pesquisa e desenvolvimento (P&D) e atendimento ao cliente. Não se tratava apenas de um projeto de vendas. A metodologia ágil viu primeiro a formação de esquadrões multidisciplinares, atraindo talentos de toda a empresa para enfrentar as "grandes colinas" que precisavam ser tomadas. Esse não era um projeto que poderia ser realizado em divisões. "Fazíamos reuniões quinzenais", diz Rob Thomas, vice-presidente sênior de software e diretor comercial da IBM. "Acho que essa foi uma ótima demonstração de como os líderes seniores poderiam iterar e começar desde o início: *Sabemos que temos um problema; provavelmente temos que nos alinhar com o problema que todos nós achamos que temos; tudo bem se não tivermos ideia de como resolvê-lo; mas vamos nos comprometer a nos alinhar em torno de um processo que sabemos que resolverá o problema.* Em seguida, as sessões quinzenais passaram a ter mais a ver com o compartilhamento da tração real, a identificação de lacunas e do que deve vir a seguir. *O que já alcançamos? O que está atrapalhando? O que precisamos fazer em duas semanas?*"

Nickle LaMoreaux, diretor de recursos humanos da IBM, que se juntou a um dos esquadrões ágeis, disse que a beleza de aproveitar a metodologia ágil para essa grande missão estava em dividir problemas complexos em partes e prazos gerenciáveis. LaMoreaux diz: "Não estamos em uma sala de conferências tentando resolver a fome no mundo, como fizemos no passado. Estávamos dividindo os problemas em colinas, colinas claras e tangíveis com prazos curtos e equipes diversificadas, muito inclusivas e relevantes. Isso também facilita o recrutamento de pessoas para os esquadrões. Você não precisa ficar sobrecarregado e se preocupar com tudo em seis meses. Vamos falar agora mesmo sobre o que faremos para grandes clientes em nossos principais mercados e, assim que tivermos uma visão do estado final, vamos dividi-lo nas próximas duas a quatro semanas de trabalho com resultados claros e focados no cliente". Um dos resultados do processo foi um alinhamento organizacional importante e bem-sucedido em relação às metas da equipe de vendas e à medição do seu desempenho — trazendo um nível muito novo de transparência. O mais importante foi que o novo plano de entrada no mercado foi bem-sucedido e gerou crescimento nas vendas. Em 2022, as receitas de software da IBM aumentaram 12%, as de consultoria 15% e as de infraestrutura 14% em relação ao ano anterior. "Quando conversamos com alguns ex-funcionários da IBM sobre a direção que estávamos tomando, todos disseram que *isso seria um grande fracasso — vocês são loucos, não têm ideia de onde estão se metendo*", diz Thomas. "Mas as vendas se aceleraram durante o processo de mudança. Não foi nem mesmo como se houvesse uma queda e as coisas voltassem. Houve uma aceleração durante todo o processo."

AS ORIGENS DA METODOLOGIA ÁGIL

Quando um pequeno grupo de profissionais de TI redigiu o Manifesto da Metodologia Ágil original em um resort de esqui em Utah, em 2001, eles estavam respondendo à crescente demanda impaciente do mundo por software e à necessidade urgente de acelerar de forma drástica os processos de produção e revisão lentos, hierárquicos e burocráticos que estavam tornando o software redundante quando a codificação era concluída. Os clientes não estavam sendo atendidos. Agora, líderes esclarecidos como Krishna, da IBM, estão aplicando os princípios ágeis como um sistema operacional necessário para o trabalho moderno — não apenas para desenvolvimento de software — para atender às mesmas demandas impacientes do ambiente de trabalho volátil de hoje. Não podemos continuar abordando a mudança estratégica e os programas de transformação com o gerenciamento lento, hierárquico e no estilo de comando e controle do passado. Pesquisas mostram que duas em cada três empresas da Fortune 500 foram forçadas a abandonar grandes programas de mudança estratégica. No entanto, apesar de muitas empresas terem práticas ágeis profundas em seus grupos de tecnologia e engenharia, relativamente poucos líderes usaram os princípios ágeis no nível da equipe. Essa é uma grande falha.

A exceção foi que, durante a pandemia, conseguimos algo extraordinário: todos nós fomos ágeis por necessidade. Praticamos o que chamo de "agilidade na crise". Com uma das maiores companhias aéreas, estávamos facilitando sprints de metodologia ágil trimestrais com o objetivo de reinventar fundamentalmente o setor de viagens. Quando a pandemia chegou, eles passaram a usar sprints ágeis diários para sobreviver. Todos os dias, essa equipe executiva se reunia e refletia sobre o que havia conseguido fazer no dia anterior, onde estavam com dificuldades, o que haviam aprendido e o que havia de novo em várias dimensões. Em Detroit, um amigo meu de uma grande empresa automotiva industrial disse: "A crise é quando estamos em nosso melhor momento". De fato, sabemos que é quando desenvolvemos maior empatia, nos unimos e criamos laços mais profundos. Colaboramos mais livremente para resolver as coisas. Capacitamos uns aos outros e deixamos de lado a hierarquia e as divisões. Mas, como em todas as crises, a maneira como estávamos fazendo isso durante a pandemia era cansativa e insustentável, o que despertou a necessidade de graus mais elevados de foco na saúde mental e resiliência da equipe. A questão é que, ao reinventar o processo de como trabalhamos, podemos realmente estar no nosso melhor: podemos ser radicalmente adaptáveis, mas de uma forma sustentável que amplie a flexibilidade, a colaboração, a velocidade e a capacidade de tornar a transformação uma ocorrência cotidiana normal, uma constante. Esse é o sistema operacional para nos tornarmos equipes dos sonhos.

SIMPLIFICANDO A METODOLOGIA ÁGIL

Para os 80% das empresas que tentam adotar a metodologia ágil em escala, em algum momento elas encontram resistência devido à complexidade e ao rigor do processo ágil, já que ele é frequentemente ensinado para a implementação completa. Embora isso possa não ser um problema para o trabalho meticuloso de um software ou para o gerenciamento detalhado de projetos de fabricação, pode ser diferente quando se tenta aplicar a metodologia ágil em uma empresa. A metodologia ágil pode ter diferentes sabores, com diferentes graus de burocracia e terminologia — tribos, esquadrões, capítulos e guildas, por exemplo. Mas vamos deixar a adoção e a curiosidade de níveis mais profundos de execução ágil para aqueles que obtiverem sucesso com o que estamos prestes a compartilhar e quiserem mais. Por enquanto, vamos manter a simplicidade e apresentar alguns elementos-chave da metodologia ágil que tornam qualquer equipe mais radicalmente adaptável no mundo volátil de hoje.

PRÁTICAS DE TEAMSHIP

Depois de concluir o diagnóstico e estabelecer a Regra de Alerta, sete práticas de teamship apoiam a mudança para a metodologia ágil como o novo sistema operacional para o teamship:

1. **Criação de um resumo ágil centrado no cliente:** é o ponto de partida para o teamship ágil — qual é a melhor solução para o cliente?
2. **Sprints:** a prática fundamental de dividir projetos complexos em sprints de trabalho menores e mais simples.
3. **Teste de Estresse do print:** acrescentar a prática de teamship de Teste de Estresse, que encontramos pela primeira vez no Capítulo 3, a uma revisão de sprint no final de um ciclo de entrega cria uma cultura de desafio que não é vista com frequência em reuniões de metodologia ágil tradicionais.
4. **Teste de Estresse ágil assíncrono:** o agendamento de reuniões regulares pode ser um desafio para equipes globais que trabalham em diferentes fusos horários. O compartilhamento de relatórios e documentos de forma assíncrona, conforme descrito no Capítulo 6, permite que as equipes façam testes de estresse e ofereçam feedback e suporte sinceros.
5. **Capacitação de equipes entre os sprints:** o tempo entre os sprints é uma oportunidade para conversas francas entre os membros da equipe sobre como melhorar para o próximo ciclo de entrega.
6. **Previsão de Resultados em 5 minutos:** uma prática mensal simples para ajudar sua organização a se apropriar constantemente do ato de antever e reagir a possíveis problemas.

7. **Governança de decisões:** tomar grandes decisões em equipe com rapidez requer um processo claro quando se deseja uma colaboração arrojada e inclusiva em uma organização em rede — quem conduzirá o processo, quem será consultado, quem será informado e quem tomará a decisão final.

O Diagnóstico Ágil

ETAPA 1: ***Discussão em equipe sobre a metodologia ágil como o novo sistema operacional***

O despertar para ser ágil é saber se estamos dividindo nosso trabalho em sprints curtos e potentes e, ao final desses sprints de duas semanas ou um mês, se estamos expondo nosso progresso aos membros mais amplos de nossas equipes para garantir que estamos nos mantendo fiéis ao elemento norteador. Estamos progredindo incrivelmente? Deixamos passar algum risco, oportunidade ou força de mercado que tenha surgido ou que tenha sido visto por alguém que poderia nos ajudar a superá-lo e a permanecer no caminho certo? Precisamos nos adaptar e mudar de direção para atingir nosso objetivo? Medimos nosso progresso em termos de resultados e tração, não apenas em termos de análise ou trabalho realizado? Somos honestos com nós mesmos e com o público sobre onde estamos tendo dificuldades para pedir ajuda? Estamos obtendo a mais ampla contribuição para o nosso progresso e as nossas suposições. Estamos realmente trabalhando com o Grupamento e construindo o nosso RAP e convidando todos os colegas de equipe das prioridades A, B e C?

Com a Equipe Ágil, o trabalho de cada time é inovar e criar um valor cada vez maior para o cliente, com rapidez. Em conversa com o Dr. Michael Ackerbauer, líder de transformação de negócios da IBM, o que funciona tão bem com a metodologia ágil da empresa é sua abordagem simples de três princípios:

1. Clareza do resultado
2. Iteração em vez de perfeição
3. Autogoverno para liberar a inovação

Há algumas mensagens realmente simples para os líderes. Sempre precisamos de um elemento norteador para olhar no final de cada sprint — um resultado claro. Não se trata de perfeição, mas sim de ser capaz de se adaptar e se movimentar em direção à nossa meta. Além disso, a realização da Equipe Ágil exige (permite) que os líderes deixem de microgerenciar as operações e passem mais tempo definindo os resultados pretendidos e as expectativas que orientarão as compensações e decisões de sua equipe ágil. Quando bem feita, a liderança por meio da Equipe Ágil não significa abrir mão do controle. Significa modernizá-lo.

ETAPA 2: *Questão diagnóstica*

Todos os membros da equipe dão uma pontuação de 1 a 5 para a seguinte pergunta (1: Discordo totalmente, 2: Discordo, 3: Neutro, 4: Concordo, 5: Concordo totalmente):

- Adotamos princípios da metodologia ágil em nosso processo de trabalho, priorizando e nos adaptando iterativamente a novas informações e demandas concorrentes.

O diagnóstico deve ser administrado por um membro da equipe que seja visto como cético e confiável, pois a pontuação é privada e não será atribuída a indivíduos. Use uma ferramenta de pesquisa online ou a Avaliação de Diagnóstico em meu site.

Regra de Alerta e Replay de Alerta

A regra simples de alerta para a mudança para a metodologia ágil como o novo sistema operacional para a equipe é: "A metodologia ágil é o nosso sistema operacional". Convocar um Replay de Alerta sobre essa mudança específica dentro de um mês após a implementação das práticas de teamship abaixo e, depois disso, regularmente, é uma oportunidade de criar um espaço para falar sobre onde as coisas podem ter saído dos trilhos, para verificar se nossos novos compromissos comportamentais estão sendo observados e se as práticas de teamship estão sendo implementadas.

Prática de Teamship: Criação de um Resumo Ágil Centrado no Cliente

O processo ágil começa e é sustentado por uma missão nobre: o problema centrado no cliente que precisa ser resolvido. A satisfação do cliente foi descrita na primeira linha do Manifesto Ágil original como "a mais alta prioridade". No caso de Krishna, foi a criação de uma abordagem consistente de solução de problemas em toda a organização da IBM para as necessidades dos clientes — não abordagens diferentes de equipes diferentes. O foco no cliente (seja um cliente interno/parte interessada ou um cliente externo) cria um alinhamento para a equipe durante todo o projeto. É o ponto de partida e o elemento norteador quando há uma dúvida sobre a direção ou as próximas etapas. Todos estão sintonizados: *Qual é a melhor solução para o cliente?*

Ao criar um briefing centrado no cliente, a clareza do resultado é essencial.

- O que exatamente estamos tentando alcançar para o cliente?
- Quais são os objetivos mensuráveis?

- Qual é o escopo do trabalho?
- Quais são os cronogramas?

É uma oportunidade óbvia de aproveitar os dados, mas também é o momento de incluir na equipe os funcionários de marketing, vendas e suporte ao cliente e de realizar testes de estresse. Parece simples, mas todos em uma equipe multidisciplinar precisam entender quem são os clientes finais, quais são os problemas que eles têm e quais são as soluções que melhor atendem às suas necessidades no momento. Como algumas funções de negócios têm pouco envolvimento com os clientes, isso pode não ser óbvio ou pode não haver uma visão coerente em toda a empresa. É fundamental criar essa clareza dentro da equipe desde o início: *A quem atendemos? Como podemos atendê-los melhor?*

As organizações B2B (business to business) podem ir além. Existem relacionamentos críticos fora da empresa e também dentro da organização, portanto, aprofundar os relacionamentos com fornecedores e grupos de clientes pode fornecer fontes de informações externas e insights com os quais eles nunca haviam se envolvido diretamente antes. Os clientes devem fazer parte do Grupamento e dos nossos Relacionamentos Altamente Planejados. Podemos até mesmo convidar clientes reais para participar do Teste de Estresse e obter informações e insights valiosos diretamente. Isso é óbvio. Devemos atrair os clientes para a equipe se a nossa pergunta inicial, ao formarmos as equipes, for orientada para uma meta, e esta for centrada no cliente.

Prática de Teamship: Sprints

Se a primeira etapa da abordagem ágil de três princípios da IBM foi a clareza do resultado e a criação de um briefing claro, a segunda foi a iteração em vez da perfeição. A principal prática da metodologia ágil bem-sucedida é dividir um projeto de maratona complexo, que poderia durar muitos meses, em sprints de trabalho menores, mais simples e menos assustadores, com duração de duas semanas a um mês, dependendo do trabalho que precisa ser feito nesse sprint. Isso também garante que haja testes de estresse regulares e inclusivos e os ajustes necessários ao longo do caminho, de modo que as garantias de permanecer no curso dos resultados projetados sejam mais seguras. Os sprints bem-sucedidos têm essas características comuns:

1. **Um ótimo resumo.** Sem o briefing ágil inicial centrado no cliente descrito acima, não há uma estrela-guia para a equipe seguir. A criação do briefing é uma arma no "sprint zero", quando a equipe multidisciplinar pode testar as suposições de trabalho do resumo para ter absoluta clareza sobre o que será entregue, por quem e quando.
2. **Priorização implacável.** Há uma diferença entre o que é urgente, o que é importante e o que é ambos! A capacidade de concentrar a atenção nas tarefas mais urgentes e de alto valor que compõem o sprint é o principal atributo das equipes ágeis mais bem-sucedidas.
3. **Continuar avançando.** Reuniões rápidas "stand-up" — diariamente, se necessário, mas com a frequência que o ritmo das mudanças exigir — durante o sprint podem manter o time sempre avançando. As reuniões stand-up são curtas e têm o objetivo de verificar se as prioridades mudaram ou se há necessidade de mudar de direção — a disposição para mudar (mesmo em um estágio avançado de um projeto) é um princípio ágil essencial. Normalmente, as reuniões diárias fazem três perguntas centradas no cliente a cada membro da equipe:

- Com qual criação de valor eu contribuí desde a última reunião?
- Em qual criação de valor estou trabalhando hoje?
- Onde preciso de ajuda para garantir que estou maximizando a criação de valor?

Essa atualização rápida tem como objetivo fazer com que os membros da equipe atribuam tarefas a si mesmos (a atribuição de tarefas é o terceiro dos princípios básicos de metodologia ágil da IBM), identifiquem quaisquer obstáculos e aloquem suporte.

4. **Revisões de sprint.** No final do ciclo de entrega, as partes interessadas precisam analisar o progresso em relação ao plano original. No centro da revisão do sprint está um Teste de Estresse, a próxima prática de teamship.

Prática de Teamship: Teste de Estresse do sprint

Há muitos anos, quando conheci a metodologia ágil, peguei emprestada a ideia de stand-ups — de pessoas dizendo: "Eis o que fiz, eis os meus desafios/o que aprendi e aqui está onde estou planejando ir em seguida" — e inseri isso no Teste de Estresse, a prática que encontramos pela primeira vez no Capítulo 3. Mas a diferença entre um stand-up *durante um sprint e o Teste de Estresse, em uma revisão de sprint no final,* é que o stand-up é apenas entre a equipe ágil, enquanto o Teste de Estresse acontece em um marco de entrega entre todas as partes interessadas. As principais pessoas que validam o Teste de Estresse e o quanto foi alcançado no ciclo de entrega são, obviamente, os próprios clientes ou seus representantes. Ao adicionar o Teste de Estresse a uma revisão de sprint no final de um ciclo de entrega, estamos extraindo um alto grau de cultura de desafio e a coragem de dar um feedback sincero que você não vê com frequência nas reuniões.

Prática de Teamship: Teste de Estresse Ágil Assíncrono

Um grande fabricante industrial de bens de consumo embalados (CPG) estava comprometido com a metodologia ágil há muitos anos, mas, por ser uma empresa global, descobriu que era um desafio programar reuniões regulares para equipes em vários fusos horários. Eles adotaram o Teste de Estresse assíncrono, descrito no Capítulo 6. Isso permitiu que cada líder de sprint distribuísse um relatório em vídeo para todos da equipe — e para as partes interessadas mais amplas — juntamente com um documento do Google para desafios e ofertas de apoio para obter feedback muito mais sincero remotamente no dia seguinte, acomodando os fusos horários das pessoas.

Há um benefício adicional do Teste de Estresse nas revisões de sprint no final do ciclo de entrega. Se o Teste de Estresse for realizado de forma assíncrona e compartilhado com as partes interessadas, além da equipe multidisciplinar que trabalha no projeto, haverá uma oportunidade de aprendizado distribuído, transferência de conhecimento e maior alinhamento. As lições, as ideias e os problemas encontrados e superados pela equipe são compartilhados de forma mais ampla na organização, em vez de ficarem apenas na equipe. Essa é uma maneira simples de compartilhar conhecimento e obter alinhamento em uma matriz organizacional.

Prática de Teamship: Capacitação de Equipes entre os Sprints

O que a equipe aprendeu durante o sprint? Se analisarmos o que fizemos em comparação com a meta e as necessidades do cliente, o que faríamos diferente na próxima vez? Estamos fazendo o trabalho certo? O que não foi feito — o que decidimos não priorizar e colocar em nossa fila de pendências de trabalho? O tempo entre os sprints é uma oportunidade para conversas francas entre o time sobre como melhorar para o próximo ciclo de entrega. Como nosso processo funcionou para nós? Estamos fazendo o trabalho corretamente? Uma discussão sobre essas questões capacita o time a saber que pode melhorar o que está tentando realizar. Eles não precisam de um líder para responsabilizá-los pelo aprimoramento. A construção desse processo de reflexão sincera faz parte do contrato de responsabilidade entre pares da equipe. Ele se encaixa no padrão de comportamento da equipe durante todo o sprint: em cada reunião e Teste de Estresse, os membros do time são questionados: *Como este projeto pode ser melhor? Como podemos criar mais valor? Como podemos fazer um trabalho melhor para nossos clientes?* Mudar para uma solução melhor é sempre a melhor escolha porque é a escolha certa para os clientes.

Quanto aos líderes, já observamos que eles não microgerenciam as equipes ágeis, mas fazem perguntas estratégicas e reflexivas nos pontos de revisão, como:

- O que conseguimos fazer nas últimas duas semanas?
- Onde e por que tivemos dificuldades?
- O que mudou em todas as dimensões principais?
- Precisamos pivotar?
- O que alcançaremos nas próximas duas semanas?
- Como podemos medir os resultados?

O objetivo é sempre melhorar o comportamento e os processos e, por fim, os resultados para os clientes, no próximo sprint de trabalho.

Prática de Teamship: Previsão de Resultados em 5 Minutos

Como expliquei em *Competir no novo mundo do trabalho,* nossa pesquisa mostra que apenas 25% das empresas da Fortune 500 têm alguma forma de prática orgânica e regular de previsão na equipe — a maioria delas não tem um processo para procurar perigos no caminho à frente ou oportunidades para se elevar e ir mais rápido. A previsão é a capacidade sistemática de explorar novas possibilidades inovadoras para evitar riscos imprevisíveis e encontrar crescimento inesperado. Existe uma prática muito simples para ajudar sua organização a se apropriar constantemente do ato de prever e evitar problemas.

1. Reserve uma parte de sua agenda mensal para a Previsão de Resultados em 5 minutos. Cada membro do seu time foi designado para ter e pesquisar constantemente um ponto de vista de risco e oportunidade. Um deles examinará as mudanças nos clientes. Outro examinará o mundo em relação às mudanças tecnológicas. Outro analisará as políticas macroeconômicas ou a concorrência, ou qualquer que seja o ponto de vista. Eventualmente, você terá até mesmo IAs atribuídas a esses pontos de vista.
2. Em seguida, pergunte: "Quais riscos e oportunidades precisamos potencialmente passar para a análise?"
3. Você deve ouvir a resposta de forma verbal ou, de preferência, pode colocá-la em um documento compartilhado com antecedência.

Na Lockheed Martin, antes do shutdown da covid-19 nos Estados Unidos em 2020, alguém disse: "Tenho lido alguns blogs sobre um vírus na China. É um risco que talvez queiramos passar para a avaliação". Eles discutiram o assunto em uma reunião de avaliação separada e o transferiram para uma reunião de planejamento. Em fevereiro, eles haviam saído de seus escritórios e se tornado totalmente virtuais. A previsão de crowdsourcing é uma ótima oportunidade para se antecipar aos problemas antes que eles apareçam.

Prática de Teamship: Governança de Decisões

A tomada de decisões ousada e inclusiva da equipe na velocidade do ambiente volátil de hoje exige um processo padrão. A colaboração entre pares não significa que alguém não tenha que tomar uma decisão final ou que tudo tenha que ser feito por consenso. Na verdade, deixamos claro que não acreditamos em consenso, mas sim na tomada de decisões ousadas a partir de opiniões amplas e diversificadas. Isso exige clareza sobre quem tomará a decisão final. Equipes de classe mundial, como a Amazon, usam estruturas como DACI (Diretor, Aprovador, Colaborador, Informados) para garantir que todos tenham clareza sobre as funções e responsabilidades de tomada de decisão e documentar quem desempenha cada função em um documento compartilhado. Isso deve fazer parte da discussão da sua equipe ágil.

Veja como funciona.

- **Diretor:** a pessoa responsável por garantir que todos no processo tenham as informações de que precisam no momento certo para participar e que as ações e as próximas etapas sejam concluídas no prazo.
- **Aprovador:** esse é o responsável designado pela decisão final.
- **Colaboradores:** principais membros da equipe e partes interessadas que participarão do processo ágil e ajudarão a moldar a decisão final tomada pelo aprovador por meio da participação em stand-up, CPS e testes de estresse.

- **Informados:** as pessoas que serão afetadas pela decisão final precisam estar cientes do processo e das próximas etapas após o seu resultado, e é melhor envolvê-las no Teste de Estresse, pois elas compartilharão os riscos e a inovação mais próximos do trabalho em si.

Como uma equipe de coelevação em que a carga de liderança é compartilhada, a função de Aprovador não é necessariamente desempenhada pelo líder. Em vez disso, o aprovador pode ser o executivo que patrocina o projeto em andamento ou que dirige a divisão no centro de um programa de transformação ou iniciativa de inovação.

ENGENHARIA DO FUTURO DO TRABALHO

Poucos líderes realmente se dedicam à engenharia do comportamento de suas equipes e da cultura de suas empresas. Mas aqueles que o fazem são geralmente engenheiros, como Arvind Krishna, da IBM, que voltaram sua atenção não apenas para a engenharia meticulosa de seus produtos, mas também para seus processos e formas de trabalho. Esses são os raros 15%. E, sempre que isso acontece, eles obtêm grandes recompensas, seja Drew Houston, que era cientista da computação, ou Patti Poppe, engenheira industrial. O que o trabalho de Krishna na IBM mostra é que a metodologia ágil não é mais uma metodologia para equipes de TI; é o sistema operacional de que todas as equipes precisam para serem radicalmente adaptáveis no mundo volátil de hoje.

CAPÍTULO 8

MUDANÇA DE UMA CULTURA DE POUCOS ELOGIOS PARA A CELEBRAÇÃO E O RECONHECIMENTO DOS PARES

Regra de Alerta:

Nós celebramos uns aos outros.

É difícil imaginar começar um novo emprego em um momento com menos motivos para comemorar do que o primeiro dia de Carol Clements. Quando Carol ingressou na JetBlue como diretora digital e de tecnologia, em meio à pandemia da covid-19, a empresa tinha uma frota de setenta jatos parados no deserto. No entanto, a companhia aérea de tarifas acessíveis tinha planos ambiciosos para aumentar sua participação de 5% no mercado dos EUA. De todas as coisas que poderiam ter chamado a atenção de Clements, havia uma pesquisa de engajamento da equipe aguardando em sua caixa de entrada que sinalizava o baixo moral da equipe, a fadiga e a falta de reconhecimento dos funcionários como problemas expressos pelos profissionais de TI da organização — problemas que muitas organizações enfrentam, mas que certamente foram ampliados em um ambiente de covid-19. Sua equipe sentia que estava muito atrás dos bastidores, e a empresa como um todo nem sempre entendia ou via suas contribuições, "uma caixa preta", como descreve Clements. Não fazer nada não era uma opção. Como muitos líderes de tecnologia no início da pandemia, Clements e sua equipe foram pressionados a fornecer tecnologia que pudesse ajudar a empresa a sobreviver aos efeitos da pandemia, de modo a fazê-lo mais rapidamente do que nunca. Todos no mundo estavam cansados, frustrados e com medo. Mas a experiência de Clements, tanto em viagens na Southwest Airlines quanto fora do setor, como CTO da Pizza Hut, ensinou-lhe que ela precisava primeiro encher o tanque de sua equipe antes de lançar a transformação tecnológica necessária para impulsionar a JetBlue durante a pandemia e sair do outro lado posicionada para o sucesso. Ela também sabia que não se tratava apenas de uma demonstração de união e apoio da parte dela no topo. Tinha que ser algo mais rico, mais profundo, mais visível e na linha de frente, onde as pessoas estavam trabalhando, incluindo a empresa como um todo. Clements diz: "Isso não é incomum em TI, mas nossa equipe não tinha certeza de como estava contribuindo para o quadro geral da empresa ou para iniciativas mais amplas. Ironicamente, isso foi uma ótima notícia porque é uma história muito fácil de contar". Assim como um líder pode criar um novo contrato social em torno de uma equipe que dá feedback uns aos outros, Clements sabia que precisava criar um esforço em grupo para despertar o time de maneira mais ampla para o trabalho árduo e excepcional que estava sendo realizado. Clements levou o assunto para a equipe executiva da JetBlue e, em seguida, fez um apelo pessoal aos seus novos parceiros de fora do departamento para que entendessem e articulassem com sua equipe principal: "É assim que vocês estão nos ajudando a cumprir as prioridades estratégicas gerais da JetBlue e somos muito gratos". Isso fez uma enorme diferença porque a equipe começou a sentir que seu trabalho era importante, não apenas para seus colegas, mas também para os clientes. "Ei, não estou apenas fazendo o que minha chefe quer que eu faça e a satisfazendo, isso realmente importa para cada um dos nossos vinte e cinco mil membros da tripulação e para cada cliente que voa na JetBlue. As pessoas estão reconhecendo o que estamos fazendo!" O movimento foi rápido e o combustível no tanque não poderia ter chegado em um momento mais importante. Quem diria que o que se pensava ser uma desaceleração de alguns meses se transformaria em uma saga global de vários anos, juntamente com uma crise de talentos para os conjuntos de habilidades precisas de seu pessoal.

A partir daí, Clements pôde começar a criar uma cultura mais íntima de comemoração e reconhecimento entre seu grupo de TI, que ela sabia ser o núcleo de operações bem-sucedidas sob grande demanda e estresse. Tudo começou com o processo de contratação. Ao fazer a integração, ela faz duas perguntas e as compartilha amplamente com a nova equipe da pessoa:

- O que o motiva?
- Como você gosta de ser reconhecido?

"Quero que todo o time saiba o que faz seus colegas levantarem da cama todos os dias e o que os deixa animados com o trabalho", diz ela. "Qual é a maneira significativa de eles sentirem que estão fazendo um bom trabalho e que são valorizados? Isso geralmente estimula uma conversa muito boa entre a equipe e o novo candidato desde o início. A partir daí, peço à equipe que se lembre de estar em sintonia com o reconhecimento personalizado de cada um." Não se trata de passar uma nota formal para o RH. Clements memorizou as respostas para a sua equipe de liderança estendida, e ela dá o exemplo e as chama como treinamento para os outros seguirem. Para alguns membros da equipe, o que importa e alimenta o teamship é o grande grito e o momento de comemoração com os colegas quando os líderes seniores da JetBlue estão na sala. Para outros, a comemoração deve ser mais discreta. "Tenho uma líder em particular que é muito, muito humilde e nunca quer chamar a atenção", diz Clements. "Ela adora colocar sua equipe no centro das atenções. Mas os líderes precisam entender que seu reconhecimento pessoal também pode impulsionar a equipe. Portanto, de vez em quando, vou tirá-la de sua zona de conforto porque quero que ela também receba o crédito que merece na frente das pessoas." Olhando para trás, os dados da JetBlue sugerem que a abordagem de Clements em relação à comemoração e ao reconhecimento causou um impacto significativo na retenção de talentos tecnológicos na empresa. O desligamento voluntário diminuiu 40% em relação a 2021 e agora estava em uma baixa de cinco anos. A perda de efetivo de alta performance foi reduzida em 65% no mesmo período e também estava em um mínimo de cinco anos. As pesquisas com a equipe mostraram que o reconhecimento deixou de ser um fator significativo de detração do engajamento para ser um promotor dele. "Estamos caminhando na direção certa", diz Clements. "Ainda há trabalho a ser feito — estou muito orgulhosa, mas não sei se algum dia ficarei totalmente satisfeita! Sempre há oportunidades de fazer um trabalho ainda melhor para apoiar nossa incrível organização de TI."

APLAUDINDO OS CORREDORES DA MARATONA DURANTE A CORRIDA

Nossa pesquisa mostra que as equipes não comemoram o suficiente. Os líderes são duros consigo mesmos, especialmente os empreendedores (eu sei que sempre fui) e, como resultado, podem ser igualmente duros com os outros (eu sei que sempre fui). Eles estão constantemente incentivando suas equipes a se esforçarem para alcançar o que está por vir. Nossa pesquisa mostra que 79% das pessoas que deixam as organizações citam a falta de reconhecimento como a principal razão para decidir sair e seguir suas carreiras em outro lugar. Quarenta por cento dos funcionários afirmam nunca ter recebido reconhecimento no trabalho. Até 50% dos gerentes admitem que não reconhecem o desempenho excepcional como deveriam. Vamos pensar no trabalho como uma maratona em que todos nós estamos correndo juntos. Ao longo dessa maratona, quantas pessoas estão enchendo as ruas, batendo palmas, incentivando e trazendo energia para que os corredores corram mais rápido? Há uma comemoração para as pessoas que cruzam a linha de chegada no final, mas quantas pessoas teriam chegado tão longe sem o incentivo e a comemoração ao longo do caminho?

Uma pergunta comum dos líderes é: "Devo celebrar alguém que não está se saindo tão bem?" A resposta é sim. Se alguém tiver dificuldades e você não o elogiar, estará empurrando-o para baixo. A energia dessa pessoa ficará cada vez mais baixa, e você obterá cada vez menos dela. Altas expectativas e comemorações não são mutuamente exclusivas. Você pode definir expectativas claras e adequadamente altas para as pessoas, mesmo que elas não as atinjam ao longo do caminho. No entanto, a mudança necessária é que toda a equipe comemore e incentive alguém que esteja com dificuldades. A equipe comemora as coisas que está alcançando e as celebra pelas coisas que você quer que ela alcance. Os líderes obstinados às vezes acham que não é bem assim. Lembre-se de que os corredores de maratona precisam de aplausos durante todo o percurso. Isso é especialmente importante para os jovens membros do time, que precisam saber que estão crescendo na direção certa, mesmo que estejam aprendendo.

PRÁTICAS DE TEAMSHIP

Depois de concluir o diagnóstico e estabelecer a Regra de Alerta, cinco práticas de teamship e nosso exercício de diagnóstico apoiam a mudança de uma cultura de elogios escassos para a celebração e o reconhecimento entre pares. As práticas de formação de teamship são uma mistura de ação improvisada, comportamento habitual em todas as reuniões e um ciclo de reconhecimento semanal e mensal que cria uma cadência de prática comemorativa de teamship:

1. **Semeando o reconhecimento:** uma prática improvisada, mas intencional, para celebrar as pessoas, lançando elogios que você sabe que serão devolvidos a elas.
2. **Círculo de gratidão:** uma prática de reflexão positiva ao final de cada reunião.
3. **Conquistas da semana:** uma celebração semanal das conquistas da equipe.
4. **Celebração dos colegas:** um exercício mensal de apreciação entre pares.

5. **Celebração formal:** celebração mais tradicional liderada pelo líder sobre a equipe e as conquistas individuais todos os meses.

O diagnóstico de comemoração

ETAPA 1: ***Discussão em equipe sobre a comemoração e o reconhecimento dos pares.***
Vocês são uma equipe que está constantemente comemorando as vitórias uns dos outros, elevando uns aos outros? Muitas equipes não comemoram o suficiente, principalmente aquelas lideradas por pessoas que são duras consigo mesmas. Essas equipes tendem a se concentrar nas coisas que não foram feitas em vez das que foram feitas. Mas se você quiser encontrar exemplos de equipes que são ótimas em reconhecimento, as melhores organizações de vendas fazem isso muito bem, sempre comemorando suas vitórias.

ETAPA 2: ***Questão diagnóstica***
Todos os membros da equipe dão uma pontuação de 1 a 5 para a seguinte pergunta (1: Discordo totalmente, 2: Discordo, 3: Neutro, 4: Concordo, 5: Concordo totalmente):

- Todos os membros da equipe incentivam e comemoram o sucesso uns dos outros.

O diagnóstico deve ser administrado por um membro da equipe que seja visto como cético e confiável, pois a pontuação é privada e não será atribuída a indivíduos. Use uma ferramenta de pesquisa online ou a Avaliação de Diagnóstico em meu site.

Regra de Alerta e Replays de Alerta

A Regra de Alerta para o comportamento da equipe para comemoração e reconhecimento é: "Celebramos uns aos outros". Convocar um Replay de Alerta nesse turno específico dentro de um mês após a implementação das práticas de teamship abaixo e, depois disso, regularmente, é uma oportunidade de criar um espaço para falar sobre onde as coisas podem ter saído dos trilhos, para verificar se nossos novos compromissos comportamentais estão sendo observados e se as práticas de teamship estão sendo implementadas.

Prática de Teamship: Semeando o Reconhecimento

Como líder, faça elogios que você sabe que chegarão ao indivíduo por meio das pessoas significativas para ele: seus colegas de equipe, seu chefe, seus associados e talvez até mesmo seus pais. Eu tinha um jovem extraordinário na Ferrazzi Greenlight chamado Frank Congiu. Eu havia feito muito para garantir que Frank soubesse que era valorizado, mas em um jantar, certa noite, fiquei sabendo que seu pai estava com a saúde debilitada e que havia alguns relacionamentos tensos na família. Consegui o número do telefone do pai dele e, embora ele não atendesse, deixei uma mensagem: "Sr. Congiu, sou Keith Ferrazzi. Seu filho trabalha para mim. Ele não sabe que estou entrando em contato, mas gostaria de parabenizá-lo. O filho que criou é realmente excepcional. Ele trabalha com mais afinco e melhor que indivíduos com anos a mais de experiência. O que quer que você tenha feito, funcionou, e eu só queria lhe agradecer do fundo do meu coração". Frank ficou sabendo disso quando seu pai lhe disse, com lágrimas nos olhos, o quanto estava orgulhoso do filho. Essas não eram palavras que Frank havia ouvido antes. E anos depois, quando seu pai faleceu, Frank descobriu que ele havia guardado aquela mensagem e a ouvia com frequência.

Prática de Teamship: Círculo de Gratidão

O Círculo de Gratidão é uma prática que deve ser usada ao final de cada reunião para se concentrar nos aspectos positivos e expressar gratidão pelo que acabou de acontecer. A incorporação dessa prática é uma maneira de encerrar a reunião com uma nota alta. Todos se revezam e dizem pelo que são mais gratos na reunião em si. Diga ao grupo: "Muito bem, há uma hora vocês entraram nesta sala e, uma hora depois, pelo que são mais gratos?" Nesse caso, você não precisa liderar, pois o tom é bastante claro e não precisa de vulnerabilidade.

Prática de Teamship: Conquistas da Semana

Uma prática simples que aprendi em uma chamada semanal da equipe de vendas é pedir notícias sobre as "conquistas da semana". Essas são as principais vitórias, as ações estratégicas ou os exemplos de trabalho em equipe operacional em todas as funções que se destacaram naquela semana. Trata-se de destacar indivíduos ou equipes específicas para elogios, mas também de reforçar comportamentos que queremos ver — como o pensamento multifuncional e a obsessão pelo cliente que são necessários para vencer nesse mercado competitivo.

Prática de Teamship: Celebração entre Pares

A celebração entre pares é um compartilhamento que sugerimos que as equipes façam mensalmente, no qual cada membro do time se revezará para compartilhar seu apreço por um colega ou por alguém da equipe de um colega. A expressão de agradecimento deve ser específica e é uma oportunidade de reforçar comportamentos positivos do novo contrato social da equipe.

Para implementar a celebração entre pares:

Reserve um tempo na agenda. Isso permite que todos se preparem e pensem sobre essa prática com antecedência e até mesmo peçam ideias aos membros da equipe. O ideal é que você tenha pelo menos um a dois minutos por pessoa para compartilhar e dois a três minutos para preparar o exercício. Se você tiver pouco tempo, em vez de fazer um rodízio em que todos compartilhem, deixe claro o tempo disponível e escolha apenas um subconjunto voluntário de participantes para compartilhar.

Estruture o exercício. Explique aos participantes que eles terão a oportunidade de compartilhar sua gratidão por outro membro da equipe. Diga aos participantes que essa é uma chance de mostrar como eles apreciam o trabalho árduo que seus colegas realizam em prol de seus objetivos comuns. Também é uma oportunidade de estabelecer conexões pessoais mais profundas, portanto, observe que não há motivo para evitar a integração do pessoal e do profissional na expressão de gratidão.

Convide para uma reflexão silenciosa. Antes de iniciar, convide o grupo a fazer uma pausa e considerar silenciosamente aquilo pelo qual todos são gratos. Seja claro que todos devem se perguntar:

- Por quem sou grato?
- Por que sou grato por essa pessoa?
- Como essa pessoa teve um impacto positivo sobre mim e/ou sobre a equipe?

Reservar esse tempo primeiro é importante, pois permite que todos ouçam ativamente o reconhecimento que os outros compartilham, em vez de passar o tempo pensando no que dirão quando chegar a sua vez de falar.

Comece a compartilhar. Depois de dar aos participantes um momento para pensar sobre o que eles são gratos, o líder do grupo deve compartilhar sua gratidão primeiro para que ele possa modelar o nível apropriado de profundidade e tom para o restante dos participantes.

Abaixo está um exemplo de compartilhamento que ilustra o tipo de história que um facilitador pode oferecer para iniciar o compartilhamento:

> Sou grato pela ajuda da Monica na semana passada, que implementou a iniciativa de marketing para acompanhar nosso novo conjunto de produtos baseados na nuvem. Como todos sabem, sou engenheiro de software por formação e, embora tenha conhecimento sobre o marketing do produto, o posicionamento e as palavras não são realmente meu ponto forte. Na semana passada, Monica reservou duas horas de seu dia atarefado para nos aprofundarmos na estratégia de marketing que sua equipe vinha desenvolvendo. Fiquei realmente impressionado e saí da conversa com insights práticos que vamos integrar em nosso primeiro lançamento. Também descobri que Monica e algumas pessoas de seu grupo correm aos domingos à noite, portanto, também poderei me juntar a ela. Obrigado, Monica, sou extremamente grato por sua parceria.

Aqui estão algumas dicas para evitar banalidades:

- Use exemplos e narrativas curtas para dar mais significado e profundidade à sua gratidão. Adicionar esse grau de personalização também ajuda a eliminar comentários duplicados e mantém a sessão mais rica e envolvente.
- Ofereça detalhes sobre como a pessoa causou um impacto positivo. Isso enriquece o feedback e o eleva de

apreciação a treinamento em comunicação, com o qual outras pessoas podem aprender e replicar.

- Minimize as interrupções. É fundamental dar às pessoas tempo de exposição ininterrupto enquanto expressam gratidão; esse não é o momento para as pessoas fazerem perguntas umas às outras. Embora não haja problema em fazer comentários, incentive seus colegas a mantê-los sucintos, positivos e reservados somente depois que a pessoa em destaque tiver terminado de falar.
- Reconheça o crescimento de cada um. Incentive os participantes a compartilharem sua gratidão pela forma como seus colegas de equipe estão cumprindo seus compromissos e sendo responsáveis pelos resultados.

Prática de Teamship: Celebração Formal

Também é muito importante programar comemorações formais, indicadas pelo líder, dos esforços e das vitórias dos principais colaboradores. Isso estabelece um padrão todo mês para o que é bom, o que deve ser comemorado e o que os outros devem aspirar a fazer e alcançar.

TODOS NÓS PRECISAMOS DE RECONHECIMENTO

"Já dei mais de 35 mil entrevistas em minha carreira e, assim que a câmera se desliga, todos sempre se voltam para mim e, inevitavelmente, à sua maneira, fazem esta pergunta: 'Tudo bem?'" Oprah Winfrey disse uma vez. "Eu ouvi isso do presidente Bush. Ouvi isso do presidente Obama. Ouvi isso de heróis e de donas de casa. Ouvi isso de vítimas e autores de crimes. Ouvi até mesmo da Beyoncé, em toda a sua essência." É a história de como todos nós, por mais grandiosos ou humildes que sejamos, precisamos de validação. Todos nós precisamos de comemoração e reconhecimento. O economista comportamental e meu amigo Dan Ariely disse certa vez que o reconhecimento público é mais motivador do que o reconhecimento financeiro. Vamos nos certificar de que a celebração e o reconhecimento da equipe sejam usados em abundância.

CAPÍTULO 9

MUDANÇA PARA DIVERSIDADE, INCLUSÃO E PERTENCIMENTO

Regra de Alerta:

Nós acreditamos que a diversidade de pessoas e de vozes proporciona um desempenho revolucionário.

Fui convidado a ir a Genebra pelo Fórum Econômico Mundial em janeiro de 2023 para realizar duas sessões com líderes empresariais e políticos seniores sobre diversidade, equidade e inclusão. Aproveitei a oportunidade para fazer uma pergunta simples aos líderes, pensadores e profissionais reunidos: *Se você tivesse uma equipe para treinar por seis meses para ser o emblema brilhante da DEI, o que você faria?* Muito já foi escrito e dito sobre as práticas de DEI do RH, que normalmente se concentram em promover uma melhor representação e justiça na empresa, e com razão, mas a forma como interagimos como equipes diversas, equitativas e inclusivas continua sendo um tópico pouco explorado. As respostas que ouvi dos líderes em Genebra, e muitas discussões com líderes profundamente comprometidos desde então, levaram nossa pesquisa a perceber a importância de as equipes adotarem o seguinte conjunto de novos comportamentos e práticas de equipe:

- **Inclusão.** As práticas de alto retorno nos Capítulos 3 (franqueza), 6 (colaboração e cocriação) e 7 (metodologia ágil), juntamente com o próximo capítulo sobre desenvolvimento profissional, são uma receita para a inclusão e a abertura da colaboração a todos os indivíduos, garantindo que todas as vozes tenham a maior probabilidade de serem ouvidas e consideradas. Monica Pool Knox, duas vezes CHRO (Chief Human Resources Officer), consultora de tecnologia e membro do conselho, destaca "a oportunidade para que as equipes busquem, reconheçam, aproveitem e apreciem as experiências e perspectivas exclusivas de seus colaboradores". Ela acrescenta: "Reconhecer as linhas claras de nossas diferenças e se apoiar nelas pode gerar ideias inovadoras, desafiar as formas convencionais de pensar e dar origem a novas abordagens que melhoram os processos, criam novos produtos e maneiras diferentes de se conectar e conquistar a confiança dos clientes".
- **Pertencimento.** Em sua essência, as equipes dos sonhos investem e constroem fortes vínculos relacionais, conforme demonstrado no Capítulo 4. Seu compromisso de servir, cuidar e compartilhar uns com os outros — e, no Capítulo 5 (resiliência), de se apoiarem mutuamente quando o apoio é necessário — constrói uma forte conexão e pertencimento dentro da equipe.
- **Alteridade.** Samantha, uma líder sênior de RH com quem conversei, foi a primeira entre os executivos a levantar o tema da alteridade. Ela disse que se esforça para ajudar todas as

suas equipes a entender que, em momentos diferentes, todos nós sabemos o que é ser "outro". E, como me disse outro líder da Fortune 100, temos de nos esforçar muito para superar a alteridade. Especialmente na era de negócios e clientes globais, todos nós devemos nos esforçar para ver o mundo com os olhos de outras pessoas e outras perspectivas culturais se quisermos que nossas organizações sejam bem-sucedidas.

- **Privilégio e obstáculos.** Como Khalil Smith, vice-presidente de inclusão, diversidade e engajamento da Akamai Technologies, me disse: "O privilégio não é exclusivo de um determinado grupo demográfico, nem os obstáculos são exclusivos de um determinado grupo demográfico — e essas duas coisas não são mutuamente exclusivas". Discutir privilégios e superar obstáculos é uma das conversas mais sensíveis, porém produtivas, que as equipes podem ter.

A INCLUSÃO LEVA A UMA INOVAÇÃO DE UM BILHÃO DE DÓLARES

A verdade simples é que uma maior inclusão leva a maiores resultados — ela é um eco da mudança para uma cocriação mais ampla e inclusiva que discutimos no Capítulo 6. Pool Knox dá o exemplo de sua experiência na Frito-Lay como parte do Grupo de Recursos para Funcionários Hispânicos por Excelência da organização (um grupo demográfico sub-representado na empresa). Ela descreve como o grupo teve a ideia de uma marca de um bilhão de dólares:

> Lembro-me de quando começamos a conversar sobre a oportunidade de criar um salgadinho com sabor que agradasse ao paladar do consumidor latino-americano (estando no Texas, os funcionários que trabalhavam na empresa sabiam que os temperos que agradavam ao paladar daqueles cujas raízes familiares vinham do sul da fronteira eram bem diferentes). Depois que os cientistas de alimentos da Frito-Lay fizeram experimentos com sabores comuns às Américas Central e do Sul, nasceu o salgadinho sabor jalapeño. Foi um sucesso.

Mudar para a diversidade, a inclusão e o pertencimento é abraçar todos os talentos de sua organização, ampliando a oportunidade para que todas as perspectivas sejam ouvidas e acendendo a possibilidade de maior inovação.

No entanto, se precisarmos ser lembrados do custo da inação ou de não conseguirmos abraçar o mais amplo talento disponível, Pool Knox tem outra lição de carreira com a qual podemos aprender. Ela conta sobre uma experiência em uma organização em que uma equipe de vendas foi fazer uma apresentação para clientes em potencial. A apresentação foi eloquente, o cliente agradeceu o tempo despendido e a equipe de vendas voltou ao escritório com cautela, mas otimista. No entanto, o cliente voltou a entrar em contato rapidamente para dizer que havia decidido comprar de um concorrente. Ficou claro que a equipe de vendas não havia conquistado a confiança do cliente, e isso aconteceu logo no início do processo. Pool Knox explica que a equipe de vendas, composta por quatro homens brancos, heterossexuais e de meia-idade, não estabeleceu uma conexão com a equipe de quatro clientes, composta por duas mulheres brancas, uma asiática e uma afro-americana. Ela diz:

> A equipe do cliente não apenas sentiu que a equipe de vendas se comunicava de uma forma que não lhe agradava, mas também sentiu que não havia um senso compartilhado de valores sobre a importância de perspectivas, abordagens e experiências diversas. A empresa perdeu o negócio porque não fez a lição de casa adequadamente, não discerniu o ambiente e não entendeu como estava comunicando seus valores. A ironia é que minha empresa, na verdade, não tinha uma líder de vendas do sexo feminino para enviar à equipe. Se tivéssemos, teríamos reconhecido que a equipe de vendas que estávamos enviando para se reunir com a equipe do cliente não era a ideal. Em muitos aspectos, o cliente estava certo.

Uma das sessões que facilitei em Genebra foi sobre como nós, como líderes, poderíamos mudar a inclinação da curva de diferença salarial entre os gêneros com um conjunto de medidas claras nos próximos sete anos. Se não tomarmos providências, no ritmo atual de progresso, alcançaremos a paridade em 151 anos. Isso não é um erro de digitação. Cento e cinquenta e um anos. Nove entre dez líderes das maiores empresas do mundo afirmam que a diversidade é mais importante do que nunca. Mas ainda estamos no início de nossa jornada. Apenas 12% dos CEOs da Fortune 100 são mulheres e 14% têm diversidade étnica. Não aceitar o status quo é a primeira prática de alto retorno.

Por que precisamos de diversidade? Porque ela nos dá respostas melhores. Precisamos que nossas equipes se alinhem aos valores e sentimentos e reflitam o mundo em que estamos inseridos — e para o qual estamos vendendo. Mais adiante no capítulo, há uma prática de teamship que aborda diretamente esse ponto sobre a contratação de talentos, sugerida por Enrique Lores, CEO da HP, que defende o mesmo ponto: precisamos que as equipes estejam em sintonia com o mundo em que vivemos. Essa é uma questão crítica para os negócios.

PRÁTICAS DE TEAMSHIP

Três práticas de teamship apoiam a mudança para a diversidade, inclusão e pertencimento:

1. **Alteridade:** um exercício de equipe de narração de histórias em que os membros da equipe compartilham exemplos de quando se sentiram "outros".
2. **Privilégio e obstáculos:** a prática de teamship parceira para Alteridade, um exercício de brainstorming coletivo sobre como a mão invisível do privilégio abriu as portas da carreira para os membros da equipe e quais obstáculos eles enfrentaram em sua trajetória profissional.
3. **Espera pela lista de candidatos certa:** essa é uma prática simples para garantir que a sua equipe tenha os candidatos de mais alto calibre e também seja diversificada.

Nessa mudança, nosso instituto de pesquisa ainda tem muito trabalho a fazer. Nossos dados de diagnóstico ainda não são estatisticamente significativos, de modo que a coleta de dados ainda está em andamento.

Regra de Alerta e Replays de Alerta

O contrato social simples de teamship para diversidade, inclusão e pertencimento é: "Nós acreditamos que uma diversidade de pessoas e vozes alcança um desempenho revolucionário". A convocação de Replay de Alerta para essa mudança específica dentro de um mês após a aplicação das práticas de teamship abaixo e, depois disso, regularmente, é uma oportunidade de criar um espaço para falar sobre onde as coisas podem ter saído dos trilhos, para verificar se nossos novos compromissos comportamentais estão sendo observados e se as práticas de teamship estão sendo implementadas.

Prática de Teamship: Alteridade

Enrique Lores, CEO da HP (anteriormente Hewlett-Packard), fala com eloquência sobre como a diversidade em sua equipe é a melhor maneira de garantir que eles possam administrar um negócio bem-sucedido com clientes em todo o mundo. Mas destacar as diferenças dos colaboradores, a sua *alteridade*, também é uma forma construtiva de trazer diferentes perspectivas para a mesa que desbloqueia as decisões de negócios, diz ele. "Devido ao meu sotaque e ao local onde estudei, não sou o típico CEO da Fortune 50 que estudou em uma das escolas da Ivy League e fala inglês de forma perfeita", diz Lores. "Reconhecer isso — e eu faço isso sempre que acho necessário — é uma forma de garantir que todos se sintam encorajados a falar com mais franqueza sobre quando se sentem 'diferentes'. Acho que também é muito importante que toda a equipe sênior faça o mesmo com suas equipes. Eles precisam trazer a vulnerabilidade de suas próprias vidas para a conversa e as consequências das experiências que tiveram. Quando nos sentimos como alguém de fora, é menos provável que falemos o que pensamos. Além de ajudar a equipe a saber que, às vezes, eu também me sinto como alguém de fora, o que nos ajuda a superar a nossa alteridade universal, também reconheço que falar com o poder é algo que as pessoas precisam de treinamento em tempo real. Eu digo: *É isso o que eu penso, mas, por favor, muitos de vocês que pensam de forma diferente, eu aprecio de verdade suas opiniões para que eu possa ter dados melhores para minhas conclusões.* É uma forma de gerar ideias e pontos de vista melhores e conversas mais ricas."

A ideia de alteridade foi operacionalizada na HP com um exercício destinado a encontrar a semelhança, equivalente aos exercícios que descrevemos nos vínculos de equipes, em que a equipe sênior foi dividida em pares para discutir suas histórias de vida, seus triunfos e tragédias. "Ao fazer isso em grupos muito pequenos, as pessoas se mostraram mais dispostas a se abrir e a compartilhar tanto as coisas que realmente trouxeram alegria para suas vidas quanto seus dramas e como essas coisas têm impactado seus aprendizados, suas carreiras ou suas escolhas", diz Lores. "Quando conhecemos e entendemos alguém mais profundamente, a conclusão inevitável que as pessoas tiram é a empatia universal, que em nossas lutas e alegrias somos mais parecidos do que diferentes. Somos fundamentalmente humanos em primeiro lugar."

O poder da alteridade está no fato de reconhecer que o local de trabalho é um microcosmo da sociedade. Temos diferentes paixões, ideias e crenças, bem como origens. Precisamos celebrar e valorizar nossas diferenças, mas abordá-las com sensibilidade e respeito, e não como motivo de conflito. Essa prática de teamship consiste em compartilhar com o time, em um brainstorming coletivo, um momento em que você se sentiu "diferente". A primeira pessoa a compartilhar no brainstorming coletivo deve ser aquela que esteja disposta a compartilhar de maneira vulnerável. Pessoalmente, eu me senti "diferente" quando era mais jovem em Yale, envergonhado de minha educação familiar com um pai desempregado oriundo da classe operária, durante a orientação direcionada aos calouros. Senti-me diferente quando, em meu primeiro emprego depois de Yale, ouvia meu chefe contar piadas sobre gays ou fazer comentários depreciativos sobre um colega de trabalho efeminado.

Não há convite para conversas cruzadas neste compartilhamento, apenas para ouvir e apreciar como os outros se sentiram quando se sentiram "diferentes". O desafio do time é reconhecer e valorizar todos aqueles que são diferentes e que têm perspectivas diferentes sobre o mundo — e ser inclusivo em relação a essas perspectivas, sejam elas políticas ou não.

Prática de Teamship: Privilégio e obstáculos

Tenho encontrado muito medo e incerteza sobre como iniciar — ou mesmo tentar iniciar — discussões em equipe sobre privilégios. As conversas com Khalil Smith, da Akamai Technologies, ajudaram a definir um ponto de partida, e acho que vale a pena citá-lo na íntegra:

> O privilégio não é exclusivo de um determinado grupo demográfico, e os obstáculos não são exclusivos de um determinado grupo demográfico — e essas duas coisas não são mutuamente exclusivas. Seu privilégio não significa que você não tenha se esforçado muito. O fato de ter se esforçado muito não significa que não tenha tido uma vantagem sobre outra pessoa. Às vezes, quando ouvimos falar de *privilégio*, pensamos que tudo foi dado a alguém. É preciso esclarecer isso logo de início. Se você cresceu com muito dinheiro, isso é um privilégio, mas isso não significa que seu pai não tenha sido um babaca e não significa que sua mãe o tenha amado. Isso não significa que você não tenha trabalhado duro para obter seu MBA. Estou apenas dizendo que é mais fácil ter dinheiro do que não ter, é mais fácil ser atraente do que ser feio. É aí que queremos

> chegar. Nesse momento, talvez as pessoas digam: "*Sim, você tem razão.* Eu tinha alguns desses privilégios. Mas isso não significa que eu não tenha me esforçado. E tive alguns obstáculos. Mas isso não significa que as coisas não foram entregues a mim".

Ter um brainstorming coletivo sobre privilégios e obstáculos é uma prática parceira da alteridade. Até que o time tenha desenvolvido uma base de confiança por meio das práticas deste livro, pode ser útil facilitar essa conversa por meio de um coach. Como todos que leram meu primeiro livro (*Jamais coma sozinho*) sabem, cresci em uma família pobre com pais da classe trabalhadora e trabalhei duro para conseguir tudo o que tenho. Mas veja minha história de outra forma. Meu pai estava profundamente empenhado em que eu tivesse uma ótima educação e incutiu em mim o compromisso com os estudos e a motivação para atingir altos níveis de realização. Sou um homem branco, duas vezes educado na Ivy League, que trabalhou em diretorias executivas de empresas da Fortune 500. Se isso não é um sinal de privilégio, não sei o que é. Não enfrentei sexismo ou racismo (a não ser pelos olhares e experiências de meus filhos adotivos). Escondi minha homossexualidade em meio a frequentes comentários homofóbicos no local de trabalho por parte de pessoas mais experientes e mentores. Será que eu estaria na posição privilegiada de ter tido o sucesso que tive em uma idade precoce, que me permitiu escrever este livro, se tivesse me assumido abertamente? Talvez não. Essa é a honestidade de uma prática de Privilégio e Obstáculos. Nesse brainstorming coletivo — como sugiro, facilitado se necessário, até que a equipe tenha desenvolvido a confiança e a segurança psicológica necessárias — todos se revezam para reconhecer brevemente onde a mão invisível do privilégio abriu as portas da carreira para eles e quais obstáculos enfrentaram em sua trajetória profissional. Não se trata de vítimas ou vilões. Trata-se de entender quem somos todos nós e as vantagens e os obstáculos ocultos que enfrentamos ao longo do caminho.

Prática de Teamship: Espera pela lista de candidatos certa

Antes de ser nomeado CEO da HP, Lores dirigiu um projeto para diversificar o conselho de administração da empresa e transferiu esse mesmo sucesso para sua equipe executiva. Perguntei a ele qual foi a principal lição que tirou dessa experiência. "Se a sua lista de candidatos para um cargo sênior não for diversa o suficiente, *espere até que seja*" disse ele. "Candidatos de diversas origens estão lá se você for diligente o suficiente para procurá-los." Isso foi poderosamente simples. Se na sua primeira rodada de recrutamento você não tiver uma lista diversificada de candidatos, você precisa tentar novamente. E mais uma vez, até conseguir. Os candidatos estão lá. Se os candidatos não estão se apresentando para a sua vaga, há perguntas mais profundas que você precisa fazer sobre diversidade, equidade e inclusão na sua organização.

VALORES E PERTENCIMENTO

Pode parecer estranho discutir exclusões em um capítulo que tem a inclusão como ponto central. Mas em uma conversa com Khalil Smith, a palavra *exclusão* ganhou um novo significado. "As melhores equipes são exclusivas em relação aos valores e inclusivas em relação aos dados demográficos", disse Smith. É possível trabalhar em uma equipe sênior da Apple sem ser apaixonado por design? É possível trabalhar na Nike sem achar que qualquer pessoa pode praticar um esporte? Você pode trabalhar na Philip Morris se não acredita em escolhas pessoais? Algumas coisas estão tão ligadas aos valores corporativos que são necessárias para ter sucesso em uma equipe nessas organizações.

CAPÍTULO 10

MUDANÇA PARA UMA EQUIPE DE COLABORADORES INTENCIONAIS QUE TREINAM UNS AOS OUTROS

Regra de Alerta:

Nós treinamos uns aos outros.

Qual é o segredo de uma empresa disruptiva que consegue sacudir um setor dominado por marcas tradicionais, como L'Oréal e Estée Lauder, e ainda continuar a sustentar o crescimento acelerado e a inovação por mais de vinte anos? Veja a empresa de cosméticos e.l.f. Beauty (e.l.f. é a sigla para eyes, lips, face). Você pode pensar que o segredo é que, em 2004, ela quebrou as regras ao apostar que as pessoas comprariam batom e produtos para a pele online por um dólar, quando toda a sabedoria convencional dizia que essas eram escolhas íntimas sobre cor, textura e estilo que sempre seriam feitas pessoalmente, na loja. Mas, vinte anos depois, quando toda a concorrência também está lutando online, você verá que a e.l.f. continua revolucionando e desafiando a sabedoria do setor ao trazer produtos de alta qualidade para o mercado, do conceito ao lançamento virtual, em apenas treze semanas, enquanto o ciclo médio de novos produtos do setor pode levar de dois a três anos, dependendo da empresa. A resposta não é um segredo de produto ou de processo de fabricação. Não se deslumbre com as muitas conquistas de pioneirismo da e.l.f., embora elas ofereçam uma verdadeira diferenciação. Você estaria perdendo o verdadeiro ingrediente secreto. Os comportamentos de equipe incorporados na e.l.f. atuam como a base a partir da qual essas conquistas crescem repetidamente. De acordo com a equipe executiva da e.l.f., "Não há lugar como a e.l.f", e eles levam muito a sério o que significa ser embaixadores da cultura de equipe semelhante à da e.l.f. No ano fiscal encerrado em março de 2023, as vendas líquidas aumentaram 48%, para US$578,8 milhões. Essa é uma empresa que teve um aumento de 84 vezes no valor para os acionistas em uma década, chegando a US$11 bilhões. Por sua reputação, a e.l.f. é excelente em aproveitar o feedback dos clientes — mais de 130 mil avaliações de produtos em seu site (ótimas, boas e não tão boas, transparência é tudo) — e em absorver dados de seus canais de mídia social e de sua comunidade de milhões de pessoas para prever tendências e gostos em constante transformação. Mas, novamente, isso é apenas o que vemos de fora. Quando me reuni com o Presidente do Conselho de Administração e CEO Tarang Amin e sua equipe executiva, descobri que o segredo é que eles se concentram incansavelmente na criação de uma equipe de alto impacto e investem no teamship. Não se trata apenas de todos os funcionários em tempo integral estarem em um único plano de bônus vinculado a uma meta de ganhos financeiros (EBITDA ajustado) e receberem um prêmio em ações da e.l.f., o que é muito importante. Trata-se de um desenvolvimento constante do desempenho. Trata-se de criar uma cultura de treinamento entre pares sempre presente dentro das equipes e entre elas.

TREINAMENTO DE COELEVAÇÃO EM AÇÃO

Mandy Fields, CFO da e.l.f. Beauty, descreve como Kory Marchisotto, CMO, a orientou para que ela se tornasse uma melhor contadora de histórias. "Recebi um feedback de que eu ia direto para uma resposta quando recebia perguntas de investidores e analistas", diz Fields. "O feedback de Kory foi: 'Ei, volte um pouco, conte a eles como você chegou lá e depois responda à pergunta'. Então, tentei incorporar isso ao meu trabalho." Por sua vez, Fields também treinou Marchisotto. "Kory é uma superestrela e uma das melhores profissionais de marketing que já conheci. E eu disse a ela que, se ela aspira a ser mais do que CMO, deixe-me ajudá-la com uma elevação financeira mais sutil e a levei para o processo de ganhos e conferências com investidores para que ela realmente entenda o que está acontecendo financeiramente e possa fazer perguntas ainda mais específicas." Isso é a coelevação — o compromisso com a missão que envolve se preocuparem mutuamente o suficiente para não deixarem que os outros fracassem — na prática.

Essa nova abordagem do feedback e sua ligação com o desenvolvimento e a realização pessoal e com os resultados comerciais é um contrato social fundamentalmente diferente do que a maioria de nós já experimentou em outros lugares. Tudo começa com um conjunto de promessas muito ambiciosas para cada funcionário, que todos nós precisamos cumprir de forma ativa uns com os outros. Como explica Marchisotto:

> Na e.l.f., somos convidados a encontrar e liberar o melhor de nós mesmos com o apoio diário das pessoas ao nosso redor. Você é convidado a participar de uma cultura que diz: "Não estou tentando moldá-lo ou defini-lo. Estou tentando descobrir como é o estado de pico para você; quais são seus superpoderes e como posso ajudá-lo a liberá-los para que você possa ser cada vez mais a melhor versão de si mesmo?" Isso já muda a mentalidade das pessoas, muda o propósito e a abordagem para receber e dar feedback. O feedback não é algo que o mitiga, não parece que estão lhe sobrecarregando a cada feedback. Na verdade, ele é o hélio que eleva todos os balões. Você está operando em uma zona em que realmente acredita que todos ao seu redor querem que você seja o melhor possível.

Seja você um estagiário ou um novo vice-presidente, todos os novos funcionários são ensinados durante a integração na e.l.f. que o crescimento e o aprendizado vêm da aceitação da franqueza e do desafio saudável de forma respeitosa por parte de seus colegas. Você aprende rapidamente a presumir que todos têm boas intenções e a estar atento a como você pode apoiar e realmente se preocupar com o sucesso de todos — ambos são necessários e são os pontos principais do treinamento de coelevação. E se você se sentir desconfortável? Se alguma vez você questionar a presença desse cuidado e dessa intenção positiva, espera-se que expresse suas preocupações com clareza e permaneça aberto ao fato de que pode estar enganado quando ouvir a explicação. Isso significa que todos têm a responsabilidade de dar feedback uns aos outros e dizer uns aos outros quando não estão sendo tão eficazes quanto poderiam ser, mesmo que isso signifique apontar respeitosamente as oportunidades de crescimento de alguém mais velho. Na e.l.f., o feedback constante é esperado e bem-vindo em 360 graus. Se você ouvir um membro da equipe de liderança dizendo algo que não acha certo, fale. Mas o que os novos recrutas não recebem na e.l.f. são as tradicionais avaliações trimestrais ou anuais episódicas. O de feedback não é um monólogo de cima para baixo do gerente, disfarçado de conversa. Em vez disso, ele acontece todos os dias, é contínuo e vem de todas as direções e de todos os quadrantes com os quais você interage no seu trabalho diário, independentemente da hierarquia organizacional. O feedback é treinado e reforçado em todos os times por líderes e colaboradores que valorizam essa norma cultural.

Kerry Preston, vice-presidente de desenvolvimento de pessoas da e.l.f. Beauty, explica que, além do feedback e do treinamento diários, duas vezes por ano as equipes se reúnem para oferecer feedback aberto de forma proativa e intencional (consulte a prática de alto retorno Abertura 360). Eles darão exemplos específicos do que mais admiram um no outro, o que acham que limita a eficácia um do outro e como podem se apoiar mutuamente no futuro. Em uma sessão, um executivo sênior da e.l.f. foi criticado por cancelar quatro de cinco reuniões individuais com alguém de sua equipe. "Quando você cancela reuniões como essa, não é tanto uma questão de prejudicar nosso desempenho, mas de respeito", disseram a ele. "Vamos conversar sobre como talvez possamos abordar o gerenciamento do tempo de forma diferente." Em outra sessão de equipe, um colaborador foi incentivado pelos colegas a se manifestar mais nas reuniões. A solução de outro colaborador? "Vamos fazer com que você fale primeiro, Ok?"

Na e.l.f., o ápice da cultura se concretiza com o convite dos funcionários para o grande encontro de inovação de produtos, o que Amin descreve como "o ingresso mais desejado da cidade". Cada funcionário tem um convite aberto para moldar o futuro do roteiro de produtos em sua área de responsabilidade. É um momento de debate intenso e sem barreiras. É empolgante, rápido e somente possível depois de anos de prática em uma cultura que não deixa nada para trás. Todos sabem que precisam estar prontos para defender seus pontos de vista e preparados para desenvolver seus argumentos, bem como oferecer feedback sincero, mas fazê-lo com respeito. Eles sabem que o melhor argumento e a melhor ideia vão vencer. É assim que a e.l.f. está elevando o desenvolvimento individual por meio de feedback constante entre colegas e, por sua vez, elevando seus negócios.

A ESTRUTURA DO FEEDBACK

A reunião de inovação de produtos de Amin é um ótimo exemplo da importância do feedback sincero sobre as ideias, conforme discutido no Capítulo 3. Todo mundo fala sobre feedback, como se fosse uma coisa só. Mas precisamos pensar sobre isso de uma nova maneira. Há diferentes tipos de feedback e essas diferenças são importantes. Os colegas precisam desafiar uns aos outros e dar feedback sobre:

1. **Ideias.** Trata-se de um feedback sincero sobre as ideias e a capacidade de confrontá-las para obter as soluções mais ousadas e inclusivas. Os colegas precisam usar práticas de alto retorno para serem mais corajosos enquanto cocriam e colaboram (Capítulo 6).
2. **Desempenho.** É preciso que os colegas se responsabilizem uns aos outros pela entrega, conforme discutimos nos Capítulos 3 (franqueza) e 7 (metodologia ágil). A prática de teamship do Teste de Estresse, na qual alguém representa o que acredita ter alcançado e o grupo contesta se achar o contrário, é o elemento comum no feedback de desempenho.

3. **Competências.** Este é o novo contrato social para este capítulo. Os colegas precisam desafiar uns aos outros a atualizar e aprimorar suas habilidades e conhecimentos para que sejam do mais alto calibre em seu campo, que adotem tecnologias e formas de trabalho novas e emergentes. Isso é exatamente o que ilustra o treinamento entre pares de Mandy Fields (CFO) e Kory Marchisotto (CMO) na e.l.f.
4. **Estilo.** Os colegas precisam desafiar uns aos outros em seus estilos de trabalho, que incluem comunicação e formas de motivar e criar seguidores. A procrastinação e a má administração do tempo são problemas básicos de estilo, portanto, a equipe pode dar feedback para que haja mais proatividade. Outro exemplo é ter uma mentalidade menos vitimista, culpando os outros, ou adotar uma mentalidade de crescimento, como a de um empreendedor, em vez de apenas enxergar os obstáculos ao progresso.

Algumas empresas são decentes em desafiar e dar feedback sobre ideias de negócios, mas têm pouca ou nenhuma permissão para comentar sobre o desempenho, as habilidades, as competências ou o estilo uns dos outros. Como vimos no Capítulo 3, a sinceridade na maioria das empresas está classificada em apenas 2,4 em uma escala de 5 pontos. Na maioria das empresas, raramente foi implementado qualquer grau de treinamento entre os colegas. Nossa pesquisa mostra que 71% dos colaboradores não estão comprometidos em elevar seus colegas de trabalho, oferecendo feedback sobre o trabalho deles. Imagine o fardo retirado do gerente médio quando esse contrato é adotado; você deve estar lembrado do Capítulo 2 que, quando Sergey Young implementou o teamship entre os colegas, ele recuperou 30% do seu tempo para pensamento mais estratégico e projetos de longo prazo.

Damos feedback aos nossos colegas como um ponto de dados que mostra nosso compromisso com o sucesso uns dos outros no caminho para vencermos juntos. Também é uma parte essencial do novo contrato social de trabalho em equipe, pois o contrato antigo, em que o gerente é a única fonte de feedback, está cada vez mais impraticável. Há décadas, com o achatamento das estruturas organizacionais, tem sido cada vez mais difícil para os gerentes serem treinadores eficazes. Os gerentes podem nem mesmo ter a visibilidade adequada do trabalho diário dos indivíduos ou de suas equipes. Quem tem essa visibilidade? Os colaboradores que estão trabalhando juntos, independentemente dos organogramas. São as pessoas que trabalham ao nosso lado todos os dias que veem nossos esforços, desafios e sucessos. Elas estão em uma posição privilegiada para oferecer feedback relevante e oportuno — e precisamos aproveitar esses recursos e insights abundantes, mas praticamente inexplorados.

Há também uma falsa crença entre as pessoas que alcançam a posição de líder de que precisam de menos desenvolvimento do que nos estágios anteriores de suas carreiras — e, de fato, na maioria das organizações, quanto mais as pessoas sobem na hierarquia organizacional, menos feedback elas estão aptas a receber. Mas nós, líderes, também precisamos de treinamento, principalmente em relação ao comportamento da equipe. "Com muita frequência, o pressuposto nos negócios é que todos os que alcançaram maturidade são ótimos em dar e receber feedback. A maioria das pessoas não é", diz Amin. "Por isso, fazemos sessões como equipe sênior e damos o exemplo do feedback entre colegas." Especialmente no atual ambiente de negócios em constante mudança, as pessoas em todos os níveis precisam melhorar e crescer continuamente. Não podemos pensar que estamos preparados para o que está por vir. *Precisamos* melhorar de 30% a 50% a cada ano para acompanhar o ritmo das mudanças. E esse número extremo é importante porque qualquer coisa que não seja um aprimoramento tão radical nos deixaria confortáveis com mudanças incrementais e não buscaria ativamente o desconforto que pode estar associado a essa cultura de feedback extremo.

As equipes de melhor desempenho com as quais trabalhamos tinham contratos sociais que permitiam que os membros dessem feedback uns aos outros de forma transparente sobre o desempenho, as habilidades e competências e o estilo de trabalho em prol do crescimento. No entanto, 61% dos membros da equipe em nosso conjunto de dados afirmaram que não veem seus colegas com a humildade necessária para enxergar seu próprio desenvolvimento pessoal, ou necessidades de crescimento e buscar melhorias. Presumivelmente, as pessoas não priorizam seu próprio desenvolvimento porque estão sobrecarregadas por cargas de trabalho pesadas e acreditam que não têm tempo para isso. Essa crença cria uma armadilha: sem treinamento e desenvolvimento específicos para a equipe, o trabalho é de fato mais difícil do que precisa ser e a colaboração é menos eficaz — portanto, as cargas de trabalho tornam-se ainda mais pesadas, fazendo com que as pessoas se sintam ainda mais sobrecarregadas e menos capazes de buscar desenvolvimento e crescimento.

PRÁTICAS DE TEAMSHIP

Depois de concluir o diagnóstico e estabelecer a Regra de Alerta, três práticas simples de teamship apoiam a mudança para se tornar uma equipe de instrutores entre pares e tirar o peso do feedback dos líderes sobrecarregados.

1. **Abertura 360:** uma prática trimestral que reformula a tradicional reunião de avaliação entre líder e diretor-relator como um exercício de equipe entre os colegas.
2. **Aumento/Redução:** geralmente ocorre após a Abertura 360, mas leva apenas alguns minutos. Trata-se de um compromisso de mudança de comportamento de cada colaborador com seus colegas.
3. **Roteiro de aprendizado 5/5/5:** cinco minutos de compartilhamento, cinco de perguntas e cinco de conselhos. É uma prática de responsabilidade que garante que os colaboradores mantenham o controle de seus compromissos de aprendizagem.

O Diagnóstico de Desenvolvimento

ETAPA 1: ***Discussão em equipe sobre o codesenvolvimento***
Essa mudança é em direção ao codesenvolvimento e a uma abordagem que transforma o feedback de uma diretriz unidirecional em um processo de crescimento dinâmico e mútuo — *nós nos tornamos um time intencional e comprometido com a missão e a elevação uns dos outros.* No codesenvolvimento, o feedback não é apenas uma tarefa gerencial; ele passa a ser uma responsabilidade coletiva de todos nós. Cada colaborador desempenha um papel na elevação do grupo, compartilhando percepções e habilidades para ajudar uns aos outros a prosperar. Somos os treinadores uns dos outros e não ousamos nos conter. Em nosso diagnóstico, as equipes de classe mundial costumam ter uma pontuação de 4,4 em 5. Com base em minha própria experiência, vi em primeira mão o poder transformador dessa abordagem. Em minhas equipes, enfatizo a importância do feedback aberto e sincero dos colegas. Não

se trata apenas de fazer nosso trabalho; trata-se de ajudar uns aos outros a crescer e se destacar. Mas isso é raro. A maioria das equipes tem pontuação abaixo de 2,5 em nosso diagnóstico.

Marchisotto descreve um ótimo exemplo do novo contrato social para o desenvolvimento em ação com um dos colaboradores de melhor desempenho do time: alguém que ela descreve como "um verdadeiro visionário, um gênio criativo". Mas ela explica: "É difícil ser um visionário porque você consegue ver coisas que as outras pessoas não conseguem ver. E pode ser uma grande frustração fazer com que o trabalho atinja os níveis de qualidade que você consegue ver em seu cérebro se ele ainda não estiver nem perto disso". O estilo de feedback do colaborador criativo estava desmotivando as pessoas, e o trabalho estava mais longe de alcançar a visão original. Havia frustração por toda parte. Em uma sessão de equipe, o colaborador recebeu feedback de seus colegas sobre seu estilo de feedback. Na frente da equipe, o colaborador criativo se comprometeu a ser mais empático no futuro. "Esse indivíduo em particular disse, na frente de todos os colegas que deram o feedback, que os ouviu, que eles estão certos, que trabalhará nisso e que se comprometerá com a empatia", diz Marchisotto. "É extraordinário que alguém se mostre tão vulnerável em uma sala com dezessete pessoas e assuma esse tipo de compromisso. Mas a motivação era clara: a equipe não estava em seu estado máximo, e isso precisava mudar."

Usar as duas perguntas da nossa Estrutura de Diagnóstico como dicas é uma ótima maneira de iniciar uma discussão em equipe sobre o novo contrato social que queremos seguir para conseguir uma mudança em direção ao codesenvolvimento entre os colegas.

ETAPA 2: *Questões diagnósticas*

Todos os membros da equipe dão uma pontuação de 1 a 5 para as seguintes perguntas (1: Discordo totalmente, 2: Discordo, 3: Neutro, 4: Concordo, 5: Concordo totalmente):

- Somos uma equipe intencional? Todos os colaboradores estão cientes e abertos sobre suas áreas de crescimento e estão ativamente buscando o desenvolvimento corretivo.
- Somos treinadores uns dos outros? Todos os membros da equipe investem pessoalmente no desenvolvimento uns dos outros e fornecem proativamente coaching entre pares sobre o desempenho, as habilidades e as competências materiais e pessoais de seus colegas.

O diagnóstico deve ser administrado por um membro da equipe que seja visto como agnóstico e confiável, pois a pontuação é privada e não será atribuída a indivíduos. Use uma ferramenta de pesquisa on-line ou a Avaliação de Diagnóstico em meu site.

Regra de Alerta e Replays de Alerta

O contrato social simples de teamship para o desenvolvimento é "Nós treinamos uns aos outros". Convocar um Replay de Alerta para essa mudança específica dentro de um mês após a aplicação das práticas de teamship abaixo e, depois disso, regularmente, é uma oportunidade de criar um espaço para falar sobre onde as coisas podem ter saído dos trilhos, para verificar se nossos novos compromissos comportamentais estão sendo observados e se as práticas de teamship estão sendo implementadas.

Prática de Teamship: Abertura 360

Todos nós estamos familiarizados com as avaliações 360 graus tradicionais: avaliações de desempenho que solicitam feedback de todas as direções, geralmente de forma anônima e por escrito. Abertura 360 é um formato de brainstorming coletivo para dar e receber feedback individual em um ambiente de equipe. Cada participante compartilha uma coisa que aprecia/admira/respeita em cada colega e uma coisa que sugere que a outra pessoa poderia fazer de forma diferente para elevar ainda mais seu desempenho e sucesso. Essa prática exige que os colegas de equipe superem a fuga de conflitos e se envolvam em uma franqueza corajosa a serviço da grandeza uns dos outros. Para que a Abertura 360 seja eficaz, a equipe deve ter uma base de confiança e compromisso com o sucesso profissional e o crescimento pessoal de cada um. Se houver falta de confiança, não haverá segurança psicológica suficiente para que os colegas de equipe deem uns aos outros o feedback mais impactante, que às vezes pode ser difícil de ouvir. Isso não beneficia a pessoa a quem são negadas informações que fariam a maior diferença para seu sucesso.

É por essa razão que esperamos para introduzir a Abertura 360 até que a equipe tenha concordado com o contrato social e trabalhado em conjunto para desenvolver a força do relacionamento e a empatia entre eles, conforme discutido no Capítulo 4. Uma vez que exista uma base de acordo e relacionamento, os colaboradores podem apoiar uns aos outros, fornecendo feedbacks atenciosos e sinceros — um ato de generosidade — e responsabilizando a si mesmos e aos outros a agir de acordo com eles. Para realizar uma Abertura 360:

1. **Apresente a ideia.** Por exemplo, "Este exercício foi elaborado para obter feedback individual das pessoas e, ao mesmo tempo, instilar maior franqueza e intimidade em nosso time. Todos nós teremos a chance de dar e receber feedback; para isso, precisaremos manter os comentários em um minuto ou menos".
2. **Defina as expectativas.** "Vamos evitar conversas cruzadas — você poderá responder a todo o feedback no final. Quando receber seu feedback, reconheça que o ouviu (diga "obriga-

do") e resista à tentação de ficar na defensiva. Aceite que a percepção de qualquer pessoa é válida — é apenas um ponto de dados, e cabe a você decidir se quer ou não ajustar seu comportamento com base nas percepções de seus colegas de equipe." No Capítulo 3, falamos sobre a realidade histórica de que todo feedback, seja de professores, pais ou líderes, costumava vir acompanhado da exigência de se fazer algo a respeito. Nesse caso, isso não acontece. O feedback entre os colegas é apenas um dado, não é uma diretriz. Portanto, ele não precisa ser tão cheio de expectativas e defensivas.

3. **Explique como isso funcionará.** Geralmente, é melhor que o líder seja o primeiro a receber o feedback.

   Na primeira vez, cada membro da equipe completará a frase para a pessoa que está recebendo o feedback: "Uma das coisas que mais aprecio/admiro/respeito em você é __________".

   Na segunda vez, cada membro da equipe completará a frase: "Como me preocupo com você e com seu sucesso, posso sugerir _________". A presunção aqui é que não apenas nos importamos com o sucesso dessa pessoa, mas que o sucesso dela é importante para o sucesso da equipe, o que torna importante que o feedback mais impactante seja compartilhado.

   As sessões de Abertura 360 podem ser feitas regularmente; portanto, relacione o feedback ao desempenho do último trimestre ou dos últimos seis meses.

4. **Faça estas observações sobre como dar feedback.** Os comentários devem ser complementares, não duplicados, para poupar tempo. Se alguém já tiver feito o comentário que você

pretende fazer, simplesmente diga: "Quero repetir o que [insira o nome da pessoa] disse".

Na segunda rodada de feedback crítico, dê as sugestões mais claras e táticas sobre como eles podem melhorar e elevar seu desempenho.

Antes de compartilhar, pergunte a si mesmo se os comentários servem à outra pessoa e à equipe. O feedback deve ser para ajudar uns aos outros a elevar nosso desempenho e melhorar como equipe.

O feedback é uma dádiva; não é possível acelerar seu desempenho ou sua carreira sem ele.

Veja como isso pode acontecer.

"David, o que mais admiro em você é sua ética de trabalho e seu compromisso com suas promessas."

"Como me preocupo com você e com o seu sucesso, que é tão importante para o nosso sucesso, posso sugerir que você valorize outras pessoas desta equipe que têm crenças e limites diferentes em relação ao trabalho e à família, de modo que elas podem não ser tão rápidas para responder a você depois do expediente, nos fins de semana e feriados."

Tenha em mente o seguinte...

Esse pode ser um exercício delicado entre as equipes em que o contrato social é novo, portanto, seu papel como líder é ser o primeiro a dar as boas-vindas às contribuições.

Se você sentir apreensão em relação a esse exercício, lembre aos participantes que, quando o time se sentir mais à vontade, o exercício Abertura 360 será uma ferramenta eficaz para praticar o feedback e eliminar o que as pesquisas mostram ser uma grande lacuna entre a percepção que temos de nós mesmos e a percepção que os outros têm de nós.

No final de cada rodada, quando cada pessoa tiver recebido os dois tipos de feedback, peça a cada uma delas que diga ao grupo com o que está se comprometendo, usando a estrutura de "Sim, farei isso" e "Considerarei isso e quero buscar mais informações a respeito".

Depois de receber feedback em uma sessão de Abertura 360, considere também convidar outros colegas, como seus subordinados diretos, para fazer parte de sua jornada de aprendizado, compartilhando um resumo do feedback recebido e pedindo a reação e a contribuição deles. Essa é uma maneira eficaz de demonstrar humildade e convidar seus colegas de equipe a participarem do seu desenvolvimento.

Quanto mais amplamente você compartilhar o que está fazendo e quanto mais convidar outras pessoas para responsabilizá-lo, mais você fortalecerá o contrato social e demonstrará seu compromisso com sua jornada de aprendizado pessoal.

Prática de Teamship: Aumento/Redução

Aumento/Redução é um exercício mais curto e mais voltado para a autorreflexão, que é um dos elementos fundamentais do desenvolvimento profissional. Simplificando, é a prática de examinar o que você acredita, com base em todas as informações que possui, que está limitando seu nível atual de desempenho e de se comprometer publicamente a tomar medidas para fazer mais (Aumento) ou menos (Redução) de um comportamento ou comportamentos específicos para crescer nas esferas pessoal e profissional. A prática de Aumento/Redução consiste em assumir um compromisso com o seu crescimento pessoal e declarar ao seu time as ações que serão tomadas para que eles possam responsabilizá-lo.

Apresentando um Aumento/Redução

1. Reserve um tempo em sua reunião para a atividade. Planeje cinco minutos para preparar o exercício, cinco minutos para autorreflexão e um minuto por pessoa para compartilhar.
2. Defina "Aumento" e "Redução". Um "Aumento" é um comportamento que você precisa adotar mais para ter mais sucesso em nome da equipe. Uma "Redução" é um comportamento que você precisa adotar menos ou eliminar completamente.
3. Oriente os participantes a encontrarem o padrão de "Aumento" e/ou "Redução" correto. Considere o feedback que você recebeu no passado, o que, obviamente, pode ser feito por meio do exercício Abertura 360. Considere também suas metas e como você precisará se comportar se quiser passar para o próximo nível.

   Considere sua vida pessoal. Pense no feedback que recebeu de seu cônjuge/parceiro(a), familiares e/ou amigos. É comum que os comportamentos pessoais se transfiram para o profissional e vice-versa.
4. Convide os participantes a se comprometerem com a ação ao:

   - Compartilhar o Aumento/Redução com a equipe.
   - Criar um lembrete visual que o ajude a manter-se presente em seu compromisso. Por exemplo, colocar um post-it perto da mesa ou definir lembretes periódicos no telefone.
   - Criar um hábito ou prática que ajudará essas mudanças, como definir lembretes digitais para avaliar o seu progresso.

Aumento/Redução significa ser reflexivo e comprometer-se com o seu crescimento pessoal e declarar à sua equipe as ações que você tomará para que eles possam responsabilizá-lo a progredirem juntos.

Prática de Teamship: Roteiro de Aprendizado 5/5/5

No Capítulo 6, falamos sobre a importância de criar Relacionamentos Altamente Planejados (RAP) para identificar os principais relacionamentos necessários para engajar sua equipe e atingir suas metas de forma proativa. Isso também se aplica ao seu próprio desenvolvimento: você precisa de um roteiro de aprendizado de hard e soft skills que identifique não apenas os cursos formais que você pode fazer, mas também o aprendizado informal com pessoas que você admira para ajudá-lo a crescer na direção que precisa. Como indivíduo e como time, você precisa investir muito tempo e atenção na criação de seus Roteiros de Aprendizado para garantir que suas necessidades futuras de desenvolvimento sejam atendidas. Há uma pergunta geral e uma específica para cada membro da equipe:

- Quais são os seus pontos fortes e fracos e as oportunidades de crescimento — e onde e com quem você quer aprender?
- O que você acha que precisa aprender para crescer em seu próximo cargo — e com quem você precisa aprender isso?

O que vem a seguir, o Teste de Estresse colaborativo do seu plano, é a chave. Deixe que seu grupo de colegas de aprendizado o conduza. As pesquisas mostram que é melhor combinar o propósito com a urgência e a responsabilidade, por isso orientamos as equipes a compartilharem seus Roteiros de Aprendizado em grupos de treinamento entre os colegas com formatos 5/5/5. A prática funciona assim: em intervalos regulares, cada colaborador faz uma atualização de cinco minutos sobre seu roteiro e o quanto progrediram no preenchimento das lacunas por meio de mecanismos formais e informais. Nos cinco minutos seguintes, a equipe faz perguntas sobre o roteiro e o sucesso do crescimento. É essencial continuar fazendo perguntas e não se precipitar em fazer sugestões diretivas, pois as perguntas são poderosas tanto para a equipe aprender e entender melhor quanto para a pessoa que descreve sua jornada de aprendizado chegar às suas próprias conclusões, que são mais sustentáveis do que as de outras pessoas. Os cinco minutos finais são gastos com a equipe dando feedback duplo. Cada um dos líderes seniores da e.l.f. tem um roteiro de aprendizado e participa de sessões regulares de treinamento 5/5/5 com seus colegas para se responsabilizar pelo progresso. Metas ambiciosas de desenvolvimento são ótimas — ter um impulso responsável para alcançá-las é ainda melhor.

A RECOMPENSA DO CODESENVOLVIMENTO

A recompensa do codesenvolvimento na e.l.f. é incrível. Na e.l.f., seu crescimento integral é mais intenso do que em qualquer outro lugar em que possa ter estado — em um ambiente de negócios de ritmo acelerado e crescimento rápido que é cheio de energia. A história da e.l.f. apresenta uma lição simples para os líderes. Ao adotar uma cultura de codesenvolvimento, em que o feedback é uma ferramenta para a elevação coletiva e os avanços nos negócios, não estamos apenas aprimorando nosso próprio desenvolvimento; estamos promovendo um ambiente de trabalho mais colaborativo, capacitado e bem-sucedido. Nesse novo mundo do trabalho, o feedback não se trata apenas de correção — trata-se de conexão, crescimento e elevação mútua para sermos os melhores no trabalho e na vida. Essa é a essência do codesenvolvimento e é como podemos alcançar coisas extraordinárias juntos como um time.

CAPÍTULO 11

MUDANÇA DE DIVISÕES PARA ALINHAMENTO

Regra de Alerta:
Nós estamos alinhados com o elemento norteador e com as prioridades e compensações para alcançar nossos objetivos.

A essa altura, você já passou por nove ações transformadoras, mas uma das maiores promessas desse modelo transparente e inclusivo de trabalho em equipe muitas vezes escapa às organizações. É o alinhamento claro com um elemento norteador e também a clareza em relação às muitas compensações e prioridades que várias partes da organização precisam fazer para chegar lá. As organizações isoladas não estão cientes dos desafios e das necessidades de seus colegas e, por isso, maximizam sua fatia do bolo. No entanto, o teamship permite não apenas a visibilidade, mas também um rico envolvimento entre essas divisões, para que as metas da empresa sejam mantidas em primeiro plano e as compensações possam ser feitas em tempo real e constantemente ao longo do caminho. A promessa de foco alinhado na obtenção de resultados extraordinários para a empresa torna-se a meta de cada equipe, juntamente com a entrega de suas próprias partes. Até agora, para fins de orientação focada, chamamos a atenção para a execução de uma determinada Regra de Alerta por uma equipe e para as práticas nas quais ela se baseou. Em cada caso, poderíamos ter usado qualquer uma dessas equipes como exemplo para qualquer outra mudança. Sua presença neste livro como exemplo de teamship significa que elas aproveitaram todas as mudanças para obter um desempenho revolucionário. Neste capítulo, apresentaremos três novas equipes que têm agregado essas mudanças para superar seus mercados, além de convidarmos você a se juntar a elas na mudança para o teamship e os comportamentos de coelevação.

FRANQUEZA, RESPONSABILIDADE E COLABORAÇÃO ENTRE COLEGAS NA P&G

Uma visão de quarenta trimestres de crescimento. "Isso nunca havia sido feito antes no setor de tecidos e cuidados domésticos", diz Sundar Raman, CEO do maior setor de negócios da Procter & Gamble. "Cada um de nós teve que olhar constantemente para o curto e o longo prazo em direção ao mesmo objetivo final e coletivo. Isso foi um divisor de águas, gerando um profundo compromisso emocional. Isso era palpável na sala sempre que nos reuníamos. Tínhamos um alinhamento muito claro sob um único elemento norteador." A clareza absoluta e esse alinhamento decorrem do exercício constante da franqueza, da responsabilidade entre os pares, da busca de colaboração proativa e da mais ampla inclusão que você encontra incorporada na cultura das equipes de melhor desempenho. Por exemplo, Raman descreve a abordagem ao teamship e a importância da franqueza dentro da equipe da P&G: "Havia dois conceitos que guiavam nossas ações. O primeiro: *é mais importante obter os resultados do que estar certo.* O segundo era: *muito conflito, muito respeito — como acontece em uma família funcional*". Isso ecoa o que ouvimos de Bill Connors e Bob Pittman no Capítulo 3. "Nossa percepção foi que se preocupar com egos ou orgulho em uma reunião é um terrível desperdício de foco. Assim, ficou claro que os indivíduos não ganham nem perdem nas reuniões; ganhar ou perder só era medido nos resultados do mercado, não em nossos debates. Portanto, é melhor ter uma reunião difícil, que se traduza em vitória no mercado, do que uma reunião agradável, que faça as pessoas se sentirem bem consigo mesmas." Mas a contribuição individual era crucial, tanto que eles criaram um gráfico de responsabilidade pessoal e a compartilharam de forma transparente. O gráfico chegou ao ponto de exibir os rostos e os nomes das pessoas em relação a seus compromissos trimestrais. A cada trimestre, quando todo time se reunia, as pessoas se levantavam com o gráfico para explicar os resultados, fossem eles bons ou ruins. "Inicialmente, algumas pessoas estavam realmente preocupadas com essa construção, porque imaginavam os rostos e nomes das pessoas em relação a coisas e estavam preocupadas em como se sentiriam se sua imagem fosse associada ao fracasso em um trimestre", diz Raman. "Mas isso acabou sendo um grande incentivo para não ter um desempenho tão ruim e, no geral, foi uma das coisas mais procuradas pelos colaboradores que queriam ter mais clareza e responsabilidade para si mesmos e uma maneira de serem celebrados por suas vitórias. As pessoas costumavam se aproximar e dizer: '*Como faço para colocar meu rosto nesse gráfico? Pelo que serei responsabilizado? Quero explicar o que aprendi no processo.*' Isso se tornou um fator positivo de responsabilidade pessoal, coesão e sucesso da equipe."

MIGUEL MILANO: DECIFRANDO O CÓDIGO DA COELEVAÇÃO

Em vendas, muitos podem esperar encontrar um alto grau de competição interna ou comportamentos de interesse próprio. No entanto, em uma das organizações de vendas mais bem-sucedidas, Miguel Milano utilizou o poder do teamship e dos comportamentos de coelevação. Milano é o presidente e diretor de receita da Salesforce e lidera a equipe de vendas global da empresa. No entanto, quando se trata de algumas das áreas mais preciosas para os líderes de vendas, como definir cotas de vendas e decidir quem da equipe será promovido ao cargo de vice-presidente, por exemplo, seus líderes seniores são chamados a cocriar para chegar à decisão, em vez de fazer lobby para obter sua parte do bolo. "Acredito muito em liderança e acredito mais em times — espero muito da minha equipe, e eles não decepcionam uns aos outros", diz Milano. Com relação às cotas de vendas, Milano propõe uma meta geral e, em seguida, pede que seus líderes seniores cheguem a um acordo sobre os números finais. "Digo à equipe que deixo a cargo deles decidir se alguém pode aceitar mais ou menos e ajudar uns aos outros", diz Milano. "Duas semanas depois, meu diretor de operações me diz o que eles concordaram em fazer. Confio no meu time. Quero que eles sintam que essa foi uma decisão conjunta."

A alternativa para pedir aos líderes de vendas que colaborem em suas cotas é a negociação individual. Milano diz: "É mais eficiente para os líderes de vendas elaborarem cotas em relação a uma meta compartilhada porque eles estão mais próximos dos negócios". As receitas aumentaram 11%, chegando a US$34,9 bilhões no ano fiscal de 2024 da Salesforce, o que o presidente e CEO Marc Benioff descreveu como "um ano fenomenal de transformação". A resposta de Milano para o crescimento das vendas na Salesforce são os comportamentos de coelevação e o teamship. Além de contar com o teamship para negociações tão importantes, as equipes também testam seus planos anuais umas com as outras. Esse processo, repleto de desafios e inovações, normalmente pode cair na defensiva, mas não entre uma equipe de vendas de coelevação comprometida com o sucesso uns dos outros.

REVATHI ADVAITHI: A RESSONÂNCIA EMOCIONAL DA COELEVAÇÃO NA PRÁTICA

Quando Revathi Advaithi ingressou na Flex como CEO em 2019, ela não trouxe apenas uma mudança de estratégia — ela trouxe um novo pensamento sobre o que é ser um líder de equipes no ambiente de negócios volátil de hoje. Advaithi foi a primeira CEO, a primeira CEO mulher preta naquela empresa de design e manufatura de US$26 bilhões que assumia uma posição de liderança altamente visível na Fortune 500 em um setor historicamente dominado por homens. O objetivo estratégico era posicionar a Flex, fundada no Vale do Silício em 1969, como a parceira global mais confiável em soluções de tecnologia, cadeia de suprimentos e manufatura para melhorar o mundo. Advaithi diz: "Quando muitas pessoas pensam em manufatura, elas pensam na Revolução Industrial e nas linhas de fábrica manuais. Era fundamental que a Flex implementasse uma nova estratégia que representasse nossa posição na vanguarda da inovação e do crescimento da manufatura".

No âmago da nova abordagem de Advaithi para os negócios, estava um novo contrato social de profundo respeito mútuo, compartilhamento aberto que proporcionava um cuidado pessoal profundo, colegas honrando compromissos uns com os outros e responsabilizando-se mutuamente, e uma cultura de aprendizado e adaptação constantes — tudo isso reverberação dos comportamentos e processos de equipe da coelevação. E quando Advaithi fala sobre equipes, você ficará impressionado com o poder de um profundo compromisso emocional com a humanidade do time. Ela descreve o vínculo intencional como uma forma de construir a confiança pessoal e os relacionamentos que fortalecem a responsabilidade e a colaboração entre colegas. Essa é a base das dez ações transformadoras. Advaithi explica: "Minha maneira de me conectar com minhas equipes é simples. Gosto de conhecê-las como pessoas, não apenas como colegas de trabalho. Quem são? O que gostam de fazer? Como é sua vida? Quais são seus valores? Costumo dedicar tempo para conhecer minhas equipes. Eu as convido para minha casa, saio para jantar, vejo como elas interagem umas com as outras etc. Assim, com o tempo, criamos confiança e respeito uns pelos outros. Isso não acontece da noite para o dia. Com essa base, minhas equipes são capazes de se alinhar umas com as outras antes de se sentirem obrigadas a me procurar para tomar decisões. Esse contrato entre elas faz com que o time aumente a comunicação entre si, partindo de um ponto de curiosidade em vez do ego, ajudando-nos a nos conectar como uma equipe de liderança e a reforçar que todos nós compartilhamos o mesmo objetivo — aprimorar a Flex".

Hoje, a Flex é descrita como "uma das empresas de manufatura mais importantes do mundo" pela *Fortune*, e você encontrará a empresa por trás de estações de recarga para veículos elétricos, em injetores vestíveis para melhorar a precisão da dose para pacientes que recebem cuidados de saúde, trabalhando em sistemas de conectividade 5G e ajudando outras organizações globais a projetar e fabricar eletrodomésticos.

EQUIPES ÁGEIS SÃO EQUIPES ALINHADAS

Os colaboradores de classe mundial sabem no que seus colegas de equipe estão trabalhando, quais metas estão sendo alcançadas; eles sabem que todos estão alinhados na mesma missão crítica. Essa é uma promessa das equipes que adotam com sucesso o ágil como seu sistema operacional. Elas conseguiram o que poucas equipes conseguiram: um alinhamento claro com um único elemento norteador e também um acordo sobre as compensações necessárias entre elas para alcançar nossos objetivos, porque a transparência e a inclusão estão incorporadas em seu processo colaborativo. Alguns gerentes, durante a pandemia, que tiveram de se adaptar a ter associados virtuais em seu time, frequentemente perguntavam: "Como posso saber se meu time está trabalhando e se está sendo totalmente produtivo?" A resposta é simples. Se você não sabe no que eles estão trabalhando e se estão sendo produtivos, então você não fez seu trabalho de ter sprints claros de trabalho orientado a resultados alinhados dentro da equipe. O que está faltando é o poder e a importância do ágil como o novo sistema operacional para essa equipe. Assim como o gráfico de responsabilidade da equipe da P&G e os debates abertos regulares sobre cada área comercial crítica, o Teste de Estresse regular no final dos sprints ágeis proporciona visibilidade total do time para todas as compensações necessárias. É semelhante ao que a organização de vendas da Salesforce e as equipes Flex fazem umas pelas outras. Uma vez comprometidas com o alinhamento total e a transparência dos conflitos e interdependências, qualquer time pode atingir as metas e a visão da equipe. O que isso faz pelos líderes? Permite que eles liberem tempo, olhem mais para fora, envolvam os principais grupos de interesse e garantam que as questões estratégicas mais importantes sejam levadas à equipe para discussão. Isso também não significa que o líder se torne o único árbitro da estratégia. Em vez disso, eles usam reuniões mensais regulares de transformação com contribuições assíncronas prévias, perguntando de modo geral:

- "Quais oportunidades estamos perdendo como empresa?"
- "A quais riscos não estamos prestando atenção suficiente?"

Conforme discutimos no Capítulo 7, isso garante que a previsão (e as práticas de teamship como Previsão de Resultados em 5 Minutos) seja trazida para a empresa de forma orgânica, o que significa que novas estratégias e direções, que não poderíamos sequer imaginar antes, se tornarão uma realidade do novo sistema operacional de teamship. Mais uma vez, ao adotar uma estrutura ágil com engajamento transparente e inclusivo entre as equipes, isso também nos permite deixar nossos times trabalhando, sentindo-se engajados, capacitados e resilientes. No entanto, poucos líderes têm essa tranquilidade; a maioria das equipes não está alinhada ou, se acha que está alinhada, é apenas no nível superior de uma missão compartilhada, não quando se debruçam sobre as prioridades e as compensações. Adotar o Teste de Estresse e a resolução colaborativa de problemas nos níveis mais amplos da organização é fundamental para o alinhamento; as práticas que ajudam os colaboradores a compartilharem abertamente os pontos em que estão com dificuldades ajudam todos a se alinharem nos pontos em que são necessárias compensações e recursos. O alinhamento em todos os níveis flui naturalmente da adoção regular das práticas de teamship deste livro.

PRÁTICAS DE TEAMSHIP

Além de todas as práticas de teamship que precederam este capítulo, uma nova prática alimenta a mudança das divisões para o alinhamento:

- **Resolução colaborativa de problemas de alinhamento:** essa prática de teamship ajuda a identificar áreas de desalinhamento e a resolvê-las usando o método CPS que encontramos no Capítulo 6.

O diagnóstico de alinhamento

ETAPA 1: ***Discussão em equipe sobre o alinhamento***

Com a coelevação, a cocriação, a adoção de mudanças nos processos, o trabalho em sprints ágeis, o aproveitamento de novas ferramentas e a adoção da IA, o resultado das nove mudanças anteriores nos levará a nos tornarmos uma organização constantemente alinhada. Deveríamos ter eliminado as divisões e evitado a competição tacanha por recursos, porque a transparência e a cocriação trazem propriedade compartilhada e um foco maior na vitória da empresa. Vale a pena refletir sobre as grandes equipes que encontramos nos primeiros capítulos do livro: a de Bill Connors na Xfinity ou a de Bob Pittman na iHeart. Todas elas prosperaram colaborando e criando valor a partir de suas interdependências. Essas equipes eram engajadas, transparentes e francas sobre as compensações que precisavam fazer ao se alinharem em direção ao seu elemento norteador compartilhado. Isso é o que falta na maioria das equipes: o nível de comprometimento com a agilidade e, em seguida, a franqueza, a responsabilidade entre pares, a colaboração e a coelevação que vemos no trabalho da equipe da P&G. Mas o que também ficou claro na equipe da P&G é que o alinhamento não é um exercício único. Precisamos de uma prática de alinhamento de alto retorno que possa ser usada periodicamente. O alinhamento a um elemento norteador precisa ser sustentado em sprints ágeis constantes.

ETAPA 2: ***Questões diagnósticas***
Todos os membros do time dão uma pontuação de 1 a 5 para as seguintes perguntas (1: Discordo totalmente, 2: Discordo, 3: Neutro, 4: Concordo, 5: Concordo totalmente):

- Todos os colaboradores estão alinhados e comprometidos com uma missão compartilhada que atua como norteador da equipe e com as prioridades e compensações que estamos fazendo para alcançar nossos objetivos.
- Esta equipe busca a transformação e a inovação em vez de manter o status quo e fazer "negócios como sempre".
- Eu realmente gosto de fazer parte desta equipe.
- Esta é uma equipe vencedora que sempre atinge ou excede suas metas.
- Estamos atingindo todo o nosso potencial como equipe.

O diagnóstico deve ser administrado por um membro da equipe que seja visto como cético e confiável, pois a pontuação é privada e não será atribuída a indivíduos. Use uma ferramenta de pesquisa online ou a Avaliação de Diagnóstico disponível em meu site.

Regra de Alerta e Replays de Alerta

A Regra de Alerta para o comportamento da equipe na mudança de divisões para alinhamento é: "Nós estamos alinhados com o elemento norteador e com as prioridades e compensações para alcançar nossos objetivos". Convocar um Replay de Alerta sobre essa mudança específica dentro de um mês após a implementação das práticas de teamship abaixo e, depois disso, regularmente, é uma oportunidade de criar um espaço para falar sobre onde as coisas podem ter saído dos trilhos, para verificar se nossos novos compromissos comportamentais estão sendo observados e se as práticas de teamship estão sendo implementadas.

Prática de Teamship: Alinhamento CPS

Usaremos a prática de teamship de Resolução Colaborativa de Problemas que encontramos no Capítulo 6. Cada ponto numerado abaixo é um único exercício de CPS que se concentra em questões fundamentais sobre o elemento norteador que daria às nossas equipes um início poderoso para o alinhamento. Use-os para estimular a reflexão de seu time. Como aprendemos no Capítulo 6, é mais vantajoso reunir as primeiras ideias sobre essas questões de forma assíncrona e depois utilizar uma reunião para chegar a uma decisão.

1. **Qual é a nossa missão definitiva e como será o nosso mundo e o mundo dos nossos clientes quando chegarmos lá?** Usar uma pergunta como esta pode mostrar rapidamente a falta de clareza e alinhamento em relação à missão, mas também pode ser usada para triangular boas sugestões entre a equipe. Compartilhe todas as respostas assíncronas com antecedência, usando pequenos grupos de discussão para refiná-las em um conjunto de opções para que um grupo menor fique off-line e chegue a uma conclusão. Deixe que haja mais uma rodada de testes de estresse com a nova missão ou, talvez, um Conselho de Decisões com as principais perguntas sobre as quais você deseja obter insights da equipe.

2. **Quais são as três coisas mais notáveis que estarão presentes quando estivermos de fato a caminho de cumprir nossa missão e que não estão presentes agora?**
3. **Quais são os maiores itens a serem atacados, ou as maiores colinas que devemos percorrer para alcançar nosso elemento norteador?** Em seguida, precisamos atribuir e realizar um processo de CPS para cada uma das grandes colinas consideradas, seguido de um Teste de Estresse contínuo e regular do progresso do proprietário da colina ao final de sprints ágeis regulares.
4. **Quais são os bloqueadores com maior probabilidade de nos fazer sair dos trilhos e em torno dos quais precisamos nos fortalecer? E quais são as sugestões para lidar com cada um deles?** Um ótimo processo para descobrir esses bloqueadores e encontrar as soluções para cada um deles é o Conselho de Decisões (consulte o Capítulo 6).

A questão é que o processo de CPS e o Teste de Estresse regular devem ser usados de forma iterativa para chegar a um nível cada vez mais granular de percepção compartilhada e alinhamento entre os membros mais relevantes da equipe. Acredito que existe uma grande sabedoria inexplorada em nossa capacidade de formar equipes dentro e fora de nossas organizações. Isso começa com uma mentalidade de curiosidade e crescimento e, em seguida, continua com o aproveitamento das práticas de teamship para um envolvimento mais amplo. Nossas equipes precisam reunir os dados coletivos, analisá-los como uma equipe e tomar decisões ousadas. Talvez precisemos apenas praticar com um treinador, mas, em última análise, a responsabilidade volta para a equipe, que deve ser o treinador de cada um. O trabalho em equipe é um novo conjunto de músculos que precisamos aprender a exercitar. Como você perceberá, cada vez que realizar o Alinhamento

CPS, criará uma lista de outros tópicos desalinhados ou inovadores a serem abordados em sessões futuras.

PARTICIPE DO MOVIMENTO

Este livro é um chamado para um movimento. É um chamado para uma mudança radical em nosso pensamento tradicional de liderança e um despertar do poder da equipe que não foi valorizado, contra décadas em que os líderes foram colocados sozinhos no centro das atenções. É um despertar para maximizar o valor da interdependência cocriada e trazida à vida nos capítulos anteriores. O simples convite é apenas para iniciar essa jornada. Como qualquer colaborador, você pode apresentar as discussões de recontratação e abrir uma consciência entre o seu time para as mudanças que todos desejam fazer. Eu sempre digo que, depois de iniciar esse processo, você não espera perfeição, espera apenas que as pessoas despertem para a esperança e a possibilidade e, então, iniciaremos uma jornada para criar um grau mais alto de sinceridade e abrir mais riscos pessoais entre nós. Esse é um contrato social de franqueza a serviço uns dos outros e não uma ação punitiva ou de corte mútuo. É por isso que também construímos propositadamente relacionamentos maiores com nossos colegas a fim de continuar a fortalecer e elevar a coragem de que precisamos para sermos francos e responsabilizarmos uns aos outros.

Para praticar essa franqueza e responsabilidade, começamos com feedback sobre as ideias e, em seguida, abrimos as portas para outras pessoas com a Resolução Colaborativa de Problemas das maneiras mais robustas e inclusivas, aproveitando ferramentas colaborativas de ponta e a IA que estão disponíveis para o trabalho em grupo em um mundo moderno. Além disso, à medida que lançamos novas iniciativas a partir dessas ideias inovadoras e avançamos em direção à execução, fazemos Testes de Estresse no final de sprints ágeis críticos, nos quais mais uma vez convidamos um grupo mais amplo e inclusivo de indivíduos para o processo colaborativo, garantindo que minimizemos os riscos e obtenhamos maior previsão, olhando para os cantos e encontrando inovações adicionais da equipe mais ampla. Tudo isso traz o tipo de alinhamento constante em um processo iterativo e ágil que não é único. Trata-se de uma prática constante de usar essas ferramentas para despertar, expandir e obter percepções e inovações mais amplas e arrojadas, que geram o tipo de resultado que é disruptivo e exponencial. É isso que Sundar Raman faz. É isso que Miguel Milano faz. É isso que Revathi Advaithi faz e o que Tarang Amin, Bill Connors, Patti Poppe e todos os outros grandes líderes de equipes deste livro fazem. E é isso que convidamos você a começar a fazer.

Também o convidamos a compartilhar suas histórias comigo no LinkedIn. Compartilhe sua história sobre a execução deste trabalho e nós o convidaremos para uma comunidade crescente de pessoas que estão aprendendo umas com as outras. O mundo precisa de um movimento de pessoas comprometidas em apoiar e treinar umas às outras — colaboradores comprometidos em treinar e serem treinados — levando seus colegas a uma nova maneira de trabalhar. Também tenho visto constantemente aqueles que adotam essas novas práticas no ambiente de trabalho relatarem uma mudança em suas vidas pessoais, elevando seus relacionamentos com suas famílias. E, ao exercer o grupamento e expandir essas práticas para o mundo, trazendo uma nova forma de colaboração, um novo conjunto de processos e ferramentas de teamship, um novo conjunto de comportamentos de coelevação, uma nova maneira de se envolver, o mundo será melhor por isso.

POSFÁCIO

A forma de usar o livro é flexível; depende de você e de sua equipe.

Sugiro que o livro seja lido de uma só vez pela equipe e, em seguida, a execução entre a equipe pode ser feita em sprints curtos de adoção de teamship com o que chamo de reuniões regulares de transformação. Depois que todos lerem o livro, assuma o compromisso entre a equipe de apresentar e discutir cada ação transformadora e adotar as práticas de teamship, capítulo por capítulo, a cada duas semanas ou talvez a cada mês. Pode ser útil se um colaborador ou um facilitador externo apoiar essa adoção inicial. Pode ser qualquer colaborador comprometido com o processo ou você pode entrar em contato com a minha organização para obter apoio. Temos um processo que não se limita a seguir os capítulos, pois este livro foi projetado para funcionar para você dessa forma autoadministrada.

Na primeira reunião de transformação, você discute os Capítulos 2 e 3, faz o diagnóstico desses dois capítulos e começa a aplicar as práticas de teamship do Capítulo 3.

Em seguida, na próxima reunião de transformação, 2 a 4 semanas depois, você faz um Replay de Alerta para o seu primeiro sprint de teamship sobre sinceridade. Nessa segunda reunião de transformação, faça a discussão e o diagnóstico do quarto capítulo sobre vínculo intencional e comece a implementar as práticas vinculativas de teamship.

Continue dessa forma até que todas as mudanças e práticas de teamship estejam sendo discutidas, diagnosticadas e experimentadas.

Em andamento, como equipe, examine todas as Regras de Alerta, faça um Replay de Alerta e faça o diagnóstico completo de uma só vez. Esse seria um processo regular a cada trimestre ou semestre.

AGRADECIMENTOS

O agradecimento mais importante é para o meu coautor, Paul Hill, que se juntou a esta equipe há mais de cinco anos para o que parecia ser uma documentação, registrando um ano de um total de vinte anos de pesquisa. Sua paciência e suas habilidades de coelevação e cocriação nos últimos cinco anos deste projeto tornaram este livro possível. Também gostaria de agradecer à sua esposa, Sabelline. Há uma extraordinária história não contada de como o apoio e o compromisso dela com a conclusão do livro foram essenciais para nos levar à linha de chegada. Sou eternamente grato.

Este livro existe graças à generosa visão de líderes, agentes de transformação e empreendedores que compartilharam sua paixão por elevar equipes e mudar o mundo. Entre eles estão Michael Ackerbauer, Revathi Advaithi, Tarang Amin, Pedro Carrilho, Carol Clements, Bill Connors, Mandy Fields, George Fisher, Jason Green, Drew Houston, Fran Katsoudas, Arvind Krishna, Nickle LaMoreaux, Enrique Lores, Kory Marchisotto, Juan Martin, Miguel Milano, Matt Mullenweg, Bob Pittman, Monica Pool Knox, Patti Poppe, Kerry Preston, Sundar Raman, Chuck Robbins, Rachel Romer, Khalil Smith, Eric Starkloff, Rob Thomas e Sergey Young. A visão e o compromisso de todos eles nos ajudaram a moldar cada capítulo, e somos profundamente gratos.

Há dezenas de pessoas maravilhosas com quem falamos e que compartilharam seus pensamentos e ideias em diferentes estágios de nossa jornada, cujos nomes não aparecem no livro, mas que deixaram sua marca por meio de seus pensamentos. A lista inclui Frank Blake, Bechara Choucair, Brian Cornell, Lori Digulla, Fama Francisco, Thomas Kurian, Eileen Mahoney, Darren Murph, Mark Reuss, Alexi Robichaux, Dan Schulman, Dan Shapiro, Nick Sonnenberg, Astro Teller e Gil West.

Também gostaria de agradecer a meus queridos amigos, Jeff e Beth Mori, que têm sido amigos de coelevação de longa data e modelos em seu relacionamento.

Quero agradecer a Jack, Jacobo, Michael, Tim e Shadi por serem a personificação viva da coelevação.

Obrigado, mamãe, por crescer comigo ao longo da vida.

A Peter Diamandis, por sempre estar presente.

AGRADECIMENTOS DE PAUL

Agradeço à minha sábia e maravilhosa esposa, Sabelline, e aos meus quatro filhos, por seu amor e apoio nos fins de semana perdidos. Dana Zelicha me apresentou ao mindfulness e mudou minha vida enquanto eu escrevia este livro; não há palavras suficientes para expressar minha gratidão. Três pessoas que Keith me apresentou se tornaram mentores incríveis: Susan Sobbott, Kay Walker e John Galvin. Obrigado por seus conselhos e amizade.

AGRADECIMENTOS DE KEITH E PAUL

Como sempre, um agradecimento especial ao nosso agente literário, Esmond Harmsworth, que nos dá conselhos e ideias quando o caminho parece incerto. Agradecemos a Hollis Heimbouch e à sua equipe na HarperCollins por toda a sua experiência e apoio, especialmente à nossa editora, Kirby Sandmeyer, por seu compromisso com a excelência e por fazer perguntas afiadas em nome dos leitores.

Cody Thompson trouxe perguntas e insights de pesquisa para os estágios iniciais do projeto. Cody, seu trabalho foi inestimável até o fim, obrigado.

Gostaríamos de agradecer às muitas pessoas brilhantes que criticaram o manuscrito e fizeram comentários valiosos que nos ajudaram a moldar a versão final. Muito obrigado pelas gentis contribuições de: Sandeep Angra, Sean Behr, Justin Choi (que criou o título *Jamais lidere sozinho* — incrível, obrigado), Suketu Gandhi, David Kidder, Sandeep Kulkarni, Pat St. Laurent, Alan May, Shadi May, Kim Richards (que mencionou o teamship para mim pela primeira vez, anos atrás), Len Schlesinger, Eivind Slaaen, Christie Smith e Matt Walter.

A todos da Ferrazzi Greenlight!... Jim Hannon, que esteve nessa jornada desde o início. Não sei o que seria de mim sem seu apoio. Obrigado, Diane Brown, Harris Fanaroff, Mike Hernandez, LadyAnn Juan, Hector Luna, Gavin McKay, J.J. Mechoso, Clair Nanadiego, Ronen Olshansky, Kaitlyn Parent, Darren Reinke, Josh Sabino, Mary Schnitker, Kimberly Stewart e Morgan Williams.

APÊNDICE: REGRAS DE ALERTA E QUESTÕES DIAGNÓSTICAS PARA CADA MUDANÇA

Capítulo 2: Mudança de Liderança Hub-and-Spoke para a Coelevação da Equipe

Regra de Alerta:

Nós estamos igualmente comprometidos com todas as metas da equipe e uns com os outros para alcançar o objetivo.

Capítulo 3: Mudança de Prevenção de Conflitos para Franqueza

Regra de Alerta:

Nós falamos corajosamente.

Questões Diagnósticas:

- Todos os membros da equipe estão dispostos a contestar diretamente uns aos outros, mesmo quando é arriscado fazê-lo, ou quando o tópico está fora de sua "raia de atuação" ou área de especialização.

- Todos os membros da equipe se responsabilizam ativamente pelos compromissos e resultados uns dos outros.

Capítulo 4: Mudança de Relacionamentos Casuais para a Criação de Vínculos Intencionais na Equipe

---

Regra de Alerta:

Nós estamos realmente comprometidos uns com os outros.

Questões Diagnósticas:

- Todos os membros do time respeitam e valorizam a contribuição de todos os outros colegas.
- Todos os membros do time estabeleceram relacionamentos de cuidado, confiança e serviço com todos os outros membros da equipe.
- Todos os membros do time aprofundam e melhoram de maneira proativa seus relacionamentos com a rede de pessoas essenciais para o nosso sucesso, transformando os associados importantes para a equipe em verdadeiros defensores.

Capítulo 5: Mudança da Resiliência Individual para a Resiliência da Equipe

---

Regra de Alerta:

Nós animamos uns aos outros.

Questão Diagnóstica:

- Todos os membros da equipe se sentem responsáveis por elevar a energia uns dos outros.

Capítulo 6: Mudança para Elevar a Colaboração: Cocriação mais Ampla e a Adoção de Reuniões Transformadoras

Regra de Alerta:

Nós cocriamos de forma ampla para inovar com ousadia.

Regra de Alerta:

Nós aproveitamos a tecnologia para elevar nossa colaboração.

Questões Diagnósticas:

- Esta equipe cria um valor significativo e tangível a partir das interdependências que existem entre nós.
- Não somos impedidos pela hierarquia ou pela dependência de autoridade posicional.
- Esta equipe cruza a linha de chegada em conjunto, e fazemos o que for preciso para entregar todos os aspectos do desempenho coletivo da equipe.
- Todos os membros da equipe cumprem seus próprios compromissos individuais e se responsabilizam por seus resultados.
- As reuniões são bem-vindas e produtivas porque as usamos com moderação e como complemento das mais modernas ferramentas colaborativas e de IA que nos poupam tempo e nos permitem participar de forma inclusiva.
- Somos inclusivos e acolhemos o mais amplo e diversificado conjunto de opiniões para encontrar as soluções mais inovadoras.

Capítulo 7: Mudança para a Metodologia Ágil como o Novo Sistema Operacional da Sua Equipe

Regra de Alerta:

A metodologia ágil é o nosso sistema operacional.

Questão Diagnóstica:

- Adotamos princípios da metodologia ágil em nosso processo de trabalho, priorizando e nos adaptando iterativamente a novas informações e demandas concorrentes.

Capítulo 8: Mudança de uma Cultura de Poucos Elogios para a Celebração e o Reconhecimento dos Pares

Regra de Alerta:

Nós celebramos uns aos outros.

Questão Diagnóstica:

- Todos os membros da equipe incentivam e comemoram o sucesso uns dos outros.

Capítulo 9: Mudança para Diversidade, Inclusão e Pertencimento

Regra de Alerta:

Nós acreditamos que a diversidade de pessoas e de vozes proporciona um desempenho revolucionário.

Capítulo 10: Mudança para uma Equipe de Colaboradores Intencionais que Treinam Uns aos Outros

Regra de Alerta:

Nós treinamos uns aos outros.

Questões Diagnósticas:

- Somos uma equipe intencional? Todos os colaboradores estão cientes e abertos sobre suas áreas de crescimento e estão ativamente buscando o desenvolvimento corretivo.
- Somos treinadores uns dos outros? Todos os membros da equipe investem pessoalmente no desenvolvimento uns dos outros e fornecem proativamente coaching entre pares sobre o desempenho, as habilidades e as competências materiais e pessoais de seus colegas.

Capítulo 11: Mudança de Divisões para Alinhamento

Regra de Alerta:

Nós estamos alinhados com o elemento norteador e com as prioridades e compensações para alcançar nossos objetivos.

Questões Diagnósticas:

- Todos os colaboradores estão alinhados e comprometidos com uma missão compartilhada que atua como norteador da equipe e com as prioridades e compensações que estamos fazendo para alcançar nossos objetivos.
- Esta equipe busca a transformação e a inovação em vez de manter o status quo e fazer “negócios como sempre”.
- Eu realmente gosto de fazer parte desta equipe.
- Esta é uma equipe vencedora que sempre atinge ou excede suas metas.
- Estamos atingindo todo o nosso potencial como equipe.

NOTAS

Capítulo 1: Decifrando o Código do Teamship

17 É verdade: encontrei pela primeira vez essa frase sendo usada nos programas dos Alcoólicos Anônimos durante a pesquisa para o meu livro *Quem te dá cobertura*.

Capítulo 3: Mudança de Prevenção de Conflitos para Franqueza

41 Em meu site: <ferrazzigreenlight.com/high-impact-team-assessment-questionnaire/>.

51 Diz Dalio: Ray Dalio, "Work Principle: Show Candidates Your Warts," n.d. Disponível em: <www.principles.com/principles/af0ca990-6eb9-45cd-bf07-b12580fafafa/>. Acesso em: 24 fev. 2024.

Capítulo 4: Mudança de Relacionamentos Casuais para a Criação de Vínculos Intencionais na Equipe

62 Em meu site: <ferrazzigreenlight.com/high-impact-team-assessment-questionnaire/>.

69 Em Northern California: Ivan Penn, "PG&E Ordered to Pay $3.5 Million Fine for Causing Deadly Fire," *New York Times*, 18 jun. 2020, Disponível em: <www.nytimes.com/2020/06/18/business/energy-environment/pge-camp-fire-sentenced.html>.

Capítulo 5: Mudança da Resiliência Individual para a Resiliência da Equipe

76 Outros 60%: D. Codella, "World Mental Health Day Highlights the Need for Mental Health Support," *BetterUp Blog*, 2022. Disponível em: <www.betterup.com/blog/mental-health-support-needs>. Acesso em: 25 mar. 2024.

76 Menor ausência: "National Safety Council and NORC at the University of Chicago Announce New Mental Health Cost Calculator to Demonstrate Why Investing in Mental Health Is Good for Business," NORC, 2021. Disponível em: <www.norc.org/research/library/national-safety-council-and-norc-at-the-university-of-chicago-an.html>. Acesso em 25 mar. 2024.

78 Em meu site: <ferrazzigreenlight.com/high-impact-team-assessment-questionnaire/>.

83 *Health & Well-Being*: U.S. Surgeon General's Framework for Workplace Mental Health & Well-Being 2022, Disponível em: <www.hhs.gov/sites/default/files/workplace-mental-health-well-being.pdf>.

Capítulo 6: Mudança para Elevar a Colaboração: Cocriação mais Ampla e a Adoção de Reuniões Transformadoras

104 Em meu site: <ferrazzigreenlight.com/high-impact-team-assessment-questionnaire/>.

115 Uma em cada três reuniões é desnecessária: Otter.ai e Dr. Steven G. Rogelberg, "The Cost of Unnecessary Meeting Attendance," 26 set. 2022, Disponível em: <public.otter.ai/reports/The_Cost_of_Unnecessary_Meeting_Attendance.pdf>.

116 "Tomar uma decisão": O. R. Royle, "Shopify's CFO Explains How Its New Meeting Cost Calculator Works, and How It Will Cut 474,000 Events in 2023: 'Time Is Money,'" *Fortune*, 13 jul. 2023. Disponível em: <fortune.com/2023/07/13/shopify-meeting-cost-calculator-expert-warning/>. Acesso em: 25 mar. 2024.

Capítulo 7: Mudança para a Metodologia Ágil como o Novo Sistema Operacional da Sua Equipe

122 Programas de mudança estratégicas: R. Carucci, "Executives Fail to Execute Strategy Because They're Too Internally Focused," *Harvard Business Review*, jul. 2017. Disponível em: <hbr.org/2017/11/executives-fail-to-execute-strategy-because-theyre-too-internally--focused>. Acesso em: 25 mar. 2024.

127 Em meu site: <ferrazzigreenlight.com/high-impact-team-assessment-questionnaire/>.

128 "A mais alta prioridade": K. Beck, M. Beedle, et al., "Principles Behind the Agile Manifesto," 2001. Disponível em: <agilemanifesto.org/principles.html>. Acesso em: 25 mar. 2024.

Capítulo 8: Mudança de uma Cultura de Poucos Elogios para a Celebração e o Reconhecimento dos Pares

144 Em meu site: <ferrazzigreenlight.com/high-impact-team-assessment-questionnaire/>.

149 Oprah Winfrey disse: Harvard University Commencement Address, 2013.

Capítulo 10: Mudança para uma Equipe de Colaboradores Intencionais que Treinam Uns aos Outros

173 Em meu site: <ferrazzigreenlight.com/high-impact-team-assessment-questionnaire/>.

177 A percepção que os outros têm de nós: S. Edinger, "You Are Not the Best Judge of You," *Harvard Business Review*, nov.2011. Disponível em: <hbr.org/2011/11/you-are-not-the-best-judge-of>. Acesso em: 25 mar. 2024.

180 *Formatos* 5/5/5: S. D. Friedman, "How to Get Your Team to Coach Each Other," *Harvard Business Review*, mar. 2015. Disponível em: <hbr.org/2015/03/how-to-get-your-team-to-coach-each-other>. Acesso em: 25 mar. 2024.

Capítulo 11: Mudança de Divisões para Alinhamento

186 "Ano da transformação": "Salesforce Announces Strong Fourth Quarter and Fiscal 2024 Results," Salesforce, news release, 31 mar. 2024. Disponível em: <investor.salesforce.com/press-releases/press-release-details/2024/Salesforce-Announces-Strong-Fourth-Quarter-Fiscal-2024-Results/default.aspx>. Acesso em: 31 mar. 2024.

188 Fabricar eletrodomésticos: "Most Powerful Women 2022: Revathi Advaithi," *Fortune*, 11 out. 2022. Disponível em: <fortune.com/ranking/most-powerful-women/2022/revathi-advaithi/>. Acesso em: 31 mar. 2024.

192 Em meu site: <ferrazzigreenlight.com/high-impact-team>.

OS AUTORES

Keith Ferrazzi é autor best-seller do *New York Times*, dos livros *Jamais coma sozinho*, *Quem te dá cobertura*, *Liderando sem autoridade* e *Competir no novo mundo do trabalho*. Palestrante, empresário e investidor de sucesso, Keith é reconhecido como o melhor coach de equipes executivas do mundo, tendo treinado a transformação de empresas da Fortune 50, do Banco Mundial, de empresas unicórnios e de governos. Talvez você já tenha lido suas colunas em publicações como *Harvard Business Review*, *Forbes*, *Wall Street Journal*, *Fortune*, *Fast Company* e *Inc. Magazine*. Ex-CMO e ex-diretor de vendas da Deloitte e da Starwood Hotels, Keith fundou a Ferrazzi Greenlight — uma empresa de treinamento de equipes — e lidera o Greenlight Research Institute, voltado para a transformação de equipes.

Paul Hill é um premiado editor do ramo de negócios e correspondente criminal que se tornou consultor editorial. Foi autor — e ghost-writer — para algumas das publicações mais respeitadas do mundo, além de publicar livros de não ficção e artigos instigantes para líderes empresariais globais. Ele mora no Reino Unido.

Este livro foi impresso nas oficinas gráficas da Editora Vozes Ltda.,
Rua Frei Luís, 100 – Petrópolis, RJ.